Tiroler Wanderberge

50 Touren zwischen Silvretta und Kaiser

Siegfried Garnweidner

Bergverlag Rother · München
seit 1920

ROTHER WANDERBUCH

Vorwort

Verlag und Autor der »Tiroler Wanderberge« haben versucht, ein buntes Potpourri von Bergtouren aus Tirol zusammenzustellen, das für jeden etwas bietet. Von leichten Wanderungen, zackigen Klettersteigen und Beinahe-Hochtouren ist die Rede. Alle Touren sind vom normal-ambitionierten Bergfreund zu schaffen. Die Schwierigkeiten gehen über den ersten Grad nur selten hinaus, den zweiten Grad überschreiten sie nicht. Seil und Gletscherausrüstung kann ein geübter Bergwanderer also getrost zu Hause lassen. Das heißt aber nicht, dass die Unternehmungen nicht spannend wären. Niemand wird zu kurz kommen. Fast alle Routen sind als Rundtouren vorgestellt. Man kann sich also beim Abstieg auf neue Wege einstellen, und Langeweile gibt es nicht.
Neben den präzisen Routenbeschreibungen sind ausführliche Hintergrundinformationen enthalten. In zwei Beiträgen wird über die Geologie Tirols und die interessante Pflanzenwelt fundiert berichtet.
Die Tiroler Berge bieten eine Fülle von Wandergebieten, die vom Zuschnitt ihren eigenen Charakter haben. Das beginnt in der Silvretta mit ihren scharf geschnittenen Dreitausendern und setzt sich in der Samnaungruppe fort. Weniger hoch, aber nicht minder schön wird es weiter östlich in den Allgäuer und Lechtaler Alpen, denen sich die Ammergauer Alpen und das Wetterstein anschließen. Danach begeben wir uns in die markanten Mieminger Berge. Nach einem Ausflug in die Ötztaler Alpen und ein paar strammen Touren in den Stubaier Alpen halten wir uns ausführlich im Karwendel auf und streifen noch die Tuxer Alpen. In den Zillertaler Alpen unternehmen wir wieder ein paar recht hoch hinaufführende Touren und berühren noch die Brandenberger Alpen mit dem Rofangebirge, ehe wir uns ausführlich den Wald- und Wiesenbergen der Kitzbüheler Alpen widmen. Schließlich statten wir noch den zackigen Felsenhäuptern des Kaisergebirges einen Besuch ab, bevor in den Loferer Steinbergen der Alpenstreifzug endet.

Siegfried Garnweidner

Inhalt

Allgemeine Hinweise

Anforderungen

Die meisten Wanderungen verlaufen auf markierten Wegen und Pfaden. Dennoch sind vielfach Trittsicherheit und Schwindelfreiheit, manchmal auch leichte Kletterei erforderlich. Länge und Höhenunterschiede vieler Touren setzen eine entsprechende Kondition voraus. Um die jeweiligen Anforderungen auf den ersten Blick besser einschätzen zu können, werden die Wandervorschläge entsprechend bewertet:

▶ **Leicht**

Diese Wanderwege sind gut markiert, meistens ausreichend breit und im Normalfall nur mäßig steil. Sie erfordern kaum Bergerfahrung und können oft auch bei Schlechtwetter verhältnismäßig gefahrlos begangen werden.

▶ **Mittel**

Diese Bergwanderwege sind in der Regel ausreichend markiert und teilweise schmal; einzelne Stellen können gesichert sein. Für die Begehung dieser Wege werden deshalb Trittsicherheit und eine gute Kondition vorausgesetzt, an kurzen ausgesetzten Passagen auch Schwindelfreiheit. Bergerfahrung und eine passende Ausrüstung (z.B. festes Schuhwerk) sind nötig.

▶ **Schwierig**

Diese Wege und Steige, manchmal markiert, manchmal aber auch weglose Routen, erfordern absolute Trittsicherheit und Schwindelfreiheit und sind konditionsstarken Bergwanderern und Bergsteigern vorbehalten, die sich auch im weglosen Gelände mühelos zurechtfinden können. Der Gebrauch der Hände zur Fortbewegung im steilen, felsigen Gelände kann nötig sein (Felsstellen I, ausnahmsweise auch II).

Gefahren

Obwohl die meisten Wanderungen dieses Führers markierten Wegen oder Steigen folgen, ist an einigen abrutschgefährdeten Stellen erhöhte Vorsicht angebracht. Dies gilt besonders bei Querung von Steilhängen oder hart gefrorenen Schneefeldern sowie im steinschlaggefährdeten Gelände. Verschlechtert sich das Wetter auf einer Tour deutlich, ist Mut zur Umkehr erforderlich. Bei Überforderung sollte man sich auch mit einem Teilziel zufrieden geben.

Ausrüstung

Feste Schuhe mit Profilsohle, strapazierfähige Hose sowie Rucksack mit Pullover, Regenschutz, Anorak und Tourenproviant (Wasserflasche) sowie Verbandszeug werden empfohlen.

Gehzeiten

Die Zeitangaben sind zwar reichlich bemessen, enthalten jedoch nur die reine Gehzeit. Als Faustregel gelten etwa 400 Höhenmeter pro Stunde im Aufstieg und 600 Höhenmeter pro Stunde im Abstieg.

Einkehr und Übernachtung

In der Kurzinfo werden an der Wanderroute gelegene Stützpunkte angeführt. Da die Öffnungszeiten außerhalb der Saison witterungsabhängig sind, empfiehlt es sich, vorher Erkundigungen einzuziehen.

Anfahrt

Die meisten Ausgangspunkte sind mit öffentlichen Verkehrsmitteln erreichbar. Manchmal jedoch ist die Anfahrt mit dem eigenen Fahrzeug unerlässlich. Hinweise zur Anfahrt erfolgen in der Kurzinfo.

Beste Wanderzeit

In den Tiroler Bergen kann man (fast) immer wandern. Klassische Wanderzeit ist natürlich der Herbst. Dafür haben im Hochsommer alle Hütten, Almwirtschaften und Berggasthäuser geöffnet. Der Frühsommer ist die beste Jahreszeit für Blumenfreunde. Nur wenige Touren aus diesem Wanderbuch eignen sich für den Winter. Diese sind in der Kurzinfo mit einem Symbol gekennzeichnet und bleiben erfahrenen Berggehern vorbehalten.

Kinder

Man sollte den Nachwuchs weder unter- noch überschätzen; Kinder sind in der Regel wesentlich belastbarer, als (über-)vorsichtige Eltern glauben. Man muss sie aber auch begeistern können, ihre Phantasie anregen: Langeweile ist Gift für jede Familienwanderung, Kinder lieben das Abenteuer! Wanderungen, die für Familien mit Kindern empfohlen werden können, sind durch ein Symbol hervorgehoben. Weglänge bzw. Dauer der Tour spielen hierbei eine untergeordnete Rolle – diese müssen die Eltern (Kinder) selbst einschätzen. Das Symbol besagt vielmehr, dass der Weg viele für Kinder interessante Abschnitte oder Geländepunkte bietet, wie Bäche, Seen, Höhlen, Tiergehege usw.

Karten

Die den einzelnen Wandervorschlägen beigegebenen Kartenausschnitte mit Routeneintragung sind ein wesentlicher Bestandteil des Führers. Zur besseren Übersicht werden die auch für den Routeneintrag verwendeten Wanderkarten im Maßstab 1:50.000 von Freytag & Berndt empfohlen sowie die Alpenvereinskarten im Maßstab 1:25.000 bzw. 1:50.000, die zwar die wichtigsten Berggebiete abdecken, jedoch nicht flächendeckend verfügbar sind.

Zum Thema Sicherheit am Berg

Bevor man zur Tour aufbricht, sollte man sich über die Verhältnisse und das Wetter informieren.

Die österreichische Bergrettung hat die Nummer 114. Die europäische Notrufnummer 112 kann in Österreich nur über Handy gewählt werden – auch ohne Freischaltung, allerdings sind telefonische Rückrufe der Rettungsmannschaft dann nicht möglich. Die Telefonmöglichkeiten im Gebirge sind in den österreichischen Netzen kaum noch eingeschränkt. In den Tiroler Bergen besteht fast überall Funkkontakt. Am besten funktioniert das Handy auf freien Stellen (Gipfeln, Graten). Wer Hilfe braucht, sollte durch Kameraden auf ebener Fläche einen Hubschrauber-Landeplatz (mit schweren, nicht aufragenden und weithin sichtbaren Gegenständen, z.B. Rucksäcken) markieren lassen. Den anfliegenden Hubschrauber mit beiden hochgestreckten Armen (Y für Yes) einweisen.

Für kleinere Wehwehchen und Notfälle sollte eine Rucksackapotheke mitgeführt werden. In ihr finden sich neben Pflaster, Verbandszeug, sterilen Kompressen, elastischem Verband und Dreieckstuch auch Wund-Desinfektionsmittel und Schmerztabletten.

Alpines Notsignal

6 x pro Minute akustisches oder optisches Signal (Rufen, Pfeifen, Winken, Blinken mit Taschenlampe), und dies so lange, in Abständen von einer Minute, bis eine Antwort (Signal 3 x pro Minute) erfolgt.

Geologie

Grüne Matten, schroffe Bergkämme, eisbedeckte Gipfel – so vielgestaltig sind die Tiroler Alpen. Jeder Bereich besitzt aufgrund von Gesteinszusammensetzung, Gebirgsbildungsprozessen und der seit Jahrmillionen wirkenden Kräfte des Klimas seinen eigenen Charakter. Die Gesteine entstanden in teils weit entfernten Räumen zu ganz verschiedenen Zeiten. Später wurden sie übereinander geschoben, abgesenkt, aufgeheizt, hochgehoben, zerschert, abgetragen – kurz, es ging drunter und drüber –, bis die heutige Landschaft entstand.

Ein Blick auf die geologische Karte eröffnet uns ein buntes, aber gleichzeitig auch verwirrendes Bild. Nördlich des Inns finden wir eine relativ einheitliche Fläche, die Nördlichen Kalkalpen, in den südlich davon liegenden Zentralalpen jedoch eine Vielzahl ganz unterschiedlicher geologischer Baueinheiten. Sie alle sind das Ergebnis von Vorgängen, die sich im Verlauf der Alpenentstehung während der vergangenen ca. 100 Mio. Jahre ereignet haben.

Charakteristisch für die Nördlichen Kalkalpen sind steil aufragende Gebirgsketten aus einer mehrere tausend Meter mächtigen Abfolge von Sedimentgesteinen, die zwischen dem ausklingenden Erdaltertum und der beginnenden Erdneuzeit entstand. Hauptsächlich finden wir Kalke und Dolomite, von denen Wettersteinkalk und Hauptdolomit besonders auffällige und häufige Gipfelbildner sind. Das Inntal, eine ausgeprägte geologische Störungszone, grenzt diesen Bereich nach Süden ab.

Die Nördliche Grauwackenzone bildet den deformierten Untergrund der Nördlichen Kalkalpen. Ihre Gesteinsserien, vor allem die Wildschönauer Schiefer, sind eine bunte Wechselfolge von metamorphen Sedimenten, Vulkaniten und Tiefengesteinen. Sie entstanden im Erdaltertum zwischen dem Ordovizium und dem Devon.

Große Teile Westtirols nimmt das »Ostalpine Altkristallin« mit seinen Haupteinheiten Ötztalkristallin und Silvretta-Decke ein. Den Kellerjochgneis zwischen Schwaz und dem Großen Rettenstein rechnet man heute ebenfalls zu diesem Komplex. Am verbreitetsten sind unterschiedliche Glimmerschiefer, Phyllite, Quarzite und Gneise. Sie wurden bereits im Erdaltertum bei der variszischen Gebirgsbildung stark umgewandelt, wobei nicht nur neue Minerale gebildet, sondern auch charakteristische Strukturen angelegt wurden.

Zwischen Ötztalkristallin und Silvretta-Decke fällt im Oberinntal ein linsenförmiger Körper auf. Die Geologen nennen ihn Unterengadiner Fenster. Dort haben die Kräfte der Gebirgsbildung und Erosion die übereinander gestapelten Gesteine aufgewölbt und offengelegt, so dass man wie durch ein Fenster durch mehrere geologische Baueinheiten hindurch auf die zuunterst aufgeschlossenen Bündner Schiefer blicken kann. Diese Kalk- und Tonschiefer, bereichsweise auch Grünschiefer, sind vermutlich in der Jura- und Kreidezeit entstanden.

Auf dem Ötztalkristallin westlich des Brenners und im Stubaital liegt das Zentralalpine Mesozoikum. Dabei handelt es sich um die Reste einer den Nördlichen Kalkalpen ähnlichen Sedimenthülle. Die Gesteine

wurden zwischen dem ausgehenden Erdaltertum und dem obersten Jura abgelagert.
Südöstlich von Innsbruck schließt an die Nördlichen Kalkalpen und die Nördliche Grauwackenzone der Innsbrucker Quarzphyllit an. Ähnliche, kleinere Vorkommen finden sich bei Telfs und Landeck. Die Gesteine, überwiegend Quarzphyllite, stammen von Sedimenten mit eingeschalteten Vulkaniten ab. Sie sind zwischen Ordovizium und dem Devon – also im älteren Erdaltertum – entstanden.
Der geologische Höhepunkte Tirols ist ohne Zweifel das Tauernfenster. Innerhalb dieser Struktur von 160 km Länge und 30 km Breite liegt als unterste Einheit der Zentralgneis. Darunter versteht man einen Sammelbegriff für Augen- und Flasergneise, die aus verschiedenartigen Tiefengesteinen entstanden sind. Schmelzen drangen vor ca. 310 bis 270 Millionen Jahren in die Erdkruste ein, ihre metamorphe Umwandlung in Gneise erfuhren sie hauptsächlich während der »Tauernkristallisation« vor 40 bis 30 Millionen Jahren. Die darüber liegende Schieferhülle besteht aus dem »Alten Dach« und weiteren, jüngeren

Blick vom Lizumer Reckner (Tarntaler Zone) über die Toten Böden (Schieferhülle) zum Tuxer Hauptkamm (Zerntralgneis).

Gesteinen. Dazu zählen vor allem unterschiedliche metamorphe Serien von sedimentärem wie vulkanischem Ursprung und die charakteristischen Bündner Schiefer.
Eine Besonderheit am Rande des Tauernfensters stellen die auffälligen Gesteine der Tarntaler Zone dar, die denen der Nördlichen Kalkalpen ähneln. Bemerkenswert sind Konglomerate und Breccien des Jura sowie der Serpentinitstock des Lizumer Reckners.

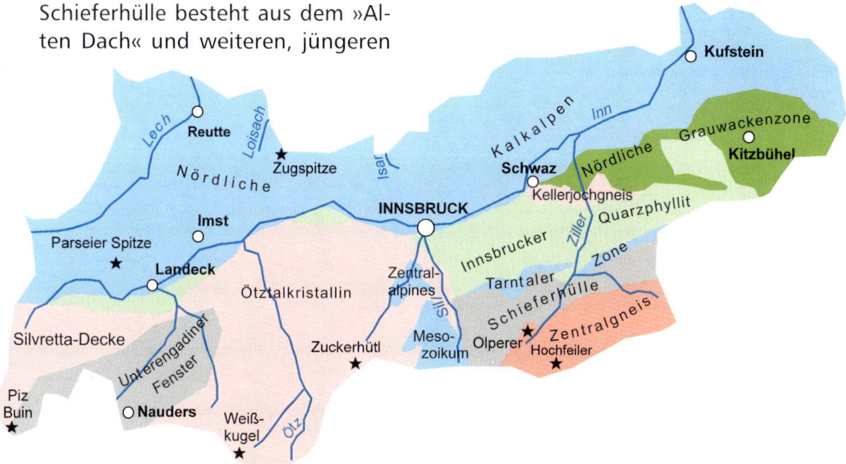

Pflanzenwelt

Die Flora der Tiroler Alpen zeigt sich in einer bemerkenswerten Reichhaltigkeit. Von den warmen Föhntälern des Inntals geht es auf engstem Raum in die Regionen des ewigen Schnees hinauf; Steppenheidepflanzen an den heißen Südhängen des Karwendels sind nur wenige Kilometer von Pioniergewächsen am Rande frisch ausgeaperter Gletschermoränen entfernt. Für den Wanderer liegen dazwischen allerdings oft viele Stunden schweißtreibender Anstiege.

Das tief eingeschnittene Inntal bildet die Grenze zwischen den gewaltigen Massiven der nördlichen Kalkalpen, die sich vom Lechtal über die Ketten des Wetterstein- und Karwendelgebirges bis zu den Ausläufern der Schlierseer Berge erstrecken, um sich dann im Kaisergebirge weiter ostwärts fortzusetzen, und den sanfteren Konturen der aus Silikatgesteinen aufgebauten Zentralalpen.

Kriechende Nelkenwurz.

Die geologischen Unterschiede prägen nicht nur das Landschaftsbild, sie zeigen sich auch in einem grundverschiedenen Pflanzenkleid. In den Kalkgebirgen auf der Nordseite herrschen die Buchen-Tannen-Mischwälder mit nach oben zunehmendem Fichtenanteil vor. Sie werden über der Baumgrenze von einer dichten Latschendecke abgelöst.

Die eher sanft ansteigenden Bergrücken südlich des Inns bedeckt dagegen ein dunkles Waldkleid aus Fichte, der sich erst in Hochlagen Lärche und Zirbe hinzugesellen. An die Stelle der Latsche treten über der Waldgrenze die Zwergstrauchheiden aus Rostroter Alpenrose, Zwergweide, Heidelbeere und anderen Kleinsträuchern.

Trotz ihrer Urigkeit sind auch die Berge Tirols keine Naturlandschaft mehr. Der Mensch hat ihnen in vielen Jahrhunderten seinen Stempel aufgedrückt. Flachere Hänge wurden zur Gewinnung von Wiesen- und Weideland wohl schon seit der Römerzeit gerodet. Wer als Beispiel die Landschaft des Wipptals entlang der alten Brennerstraße betrachtet, findet nur noch an den Steillagen den ursprünglichen Fichtenwald; die übrige Landschaft ist ein schon von Goethe in der »Italienischen Reise« beschriebenes buntes Mosaik aus saftigen Wiesen und Weiden, Bergbauernhöfen und einzelnen Waldinseln, wo für die ursprüngliche Bergwaldflora kaum noch Raum bleibt.

Die über der Waldgrenze liegende Latschen- und Zwergstrauchregion wurde schon in früheren Jahrhun-

Sporn-Veilchen.

Alpen-Margerite.

derten durch die Weidewirtschaft stark in Mitleidenschaft gezogen. Noch in den 70er Jahren hat man sogar die unter Naturschutz stehenden Alpenrosen als »Weideunkraut« chemisch bekämpft. So ist die natürliche, zum großen Teil aus Heidel- und Rauschbeeren bestehende Zwergstrauchregion der Silikatberge südlich des Inns heute auf weiten Flächen zu einer meist von Borstgras, Schwingel und Drahtschmiele beherrschten Graslandschaft geworden, deren harte Halme selbst vom Weidevieh gemieden werden. An schattigen und meist steileren, als Weideland wenig geeigneten Hängen hat sich oft eine üppige Krautschicht aus Eisenhut, Milchlattich, Alpendost und Meisterwurz breit gemacht. Die Eisenhutarten gehören übrigens zu den giftigsten Pflanzen der heimischen Flora – alle Teile enthalten das schon in geringen Mengen tödliche Alkaloid Aconitin.

Grünerlengebüsche und Hochstaudenfluren als Restflächen der ursprünglichen Alpenvegetation vermitteln ein Bild, wie es wohl früher in den Tiroler Bergen auf weiten Strecken ausgesehen haben mag, bevor der Mensch diese Landschaft für seine Zwecke umgestaltete und nutzte.

Der Alpenflora droht inzwischen eine neue Gefahr. Seit Österreich zur Europäischen Union gehört, streichen die Landwirte für jede Kuh auf der Alm fette Prämien ein. Wenn das Futter für die EU-Hochleistungsrinder nicht mehr reicht, wird mitunter mit Kunstdünger nachgeholfen. Die Almbauern berufen sich dabei auf die ihnen seit alters her zustehenden Weiderechte. Dass aber eine Kuh heute dreimal so schwer ist wie früher, merkt man spätestens dann, wenn die Grasnarbe zerstört ist und sich die Bergbäche von der abgeschwemmten Humusdecke braun färben.

Ein Natur- und Blumenfreund mit einem geschärften Blick für solche Entwicklungen empfindet diesen Verlust besonders schmerzlich.

Alpkopf Bleisp. Mähberg Gärtnerwand

1 Hohes Rad, 2934 m

Überschreitung vom Ochsental ins Bieltal ★★★

Rundtour zur Silvretta-Aussichtswarte

Das Hohe Rad gilt noch als Wanderung und der Gipfelaufstieg berührt keinen Gletscher, obwohl das Kreuz fast die magische 3000er-Grenze erreicht. Ein wenig luftig wird es am langen Gipfelhang, wenn auch nicht besonders rassig. Trotzdem können Trittsicherheit und Schwindelfreiheit nicht schaden. Wer die vorgestellte Rundtour machen will, braucht eine ordentliche Kondition, denn die Strecke ist lang, mühsam und von der Höhe her beachtlich. Die stattliche Ausgangslage der Bielerhöhe von gut 2000 Metern und die grandiose Schau auf alle Gipfel, die in der Silvretta Rang und Namen haben, haben das Hohe Rad zum echten »Wander-Glanzlicht« gemacht. Der Berg ist also zur Urlaubszeit fast ein wenig überlaufen. Wer, wie vorgeschlagen, das Ochsental hinauf und das Bieltal hinunter steigt, kommt auf der Rundwanderung an den malerisch gelegenen Radsee, in dem man selbst während Hitzeperioden wegen des kalten Schmelzwassers nicht baden kann, es sei denn, man hat Eskimo-Gewohnheiten.

Eindrucksvolle Ausblicke zu Ochsentaler Gletscher und Piz Buin.

KURZINFO

Talort: Galtür, 1584 m. Moderner Touristenort im oberen Paznauntal. Der Ort hat durch ein verheerendes Lawinenunglück traurige Berühmtheit erlangt.
Ausgangspunkt: Bielerhöhe, 2036 m. Busverbindung von Landeck über Galtür.
Gehzeit: 6.15 Stunden.
Höhenunterschied: 898 m.
Anforderungen: Höhengewöhnung, Trittsicherheit und Schwindelfreiheit. Der Gipfelhang ist nur wenig ausgesetzt, aber steil.
Einkehr: Wiesbadener Hütte (liegt nicht unmittelbar am Weg; Abstecher rund 1 Std.).

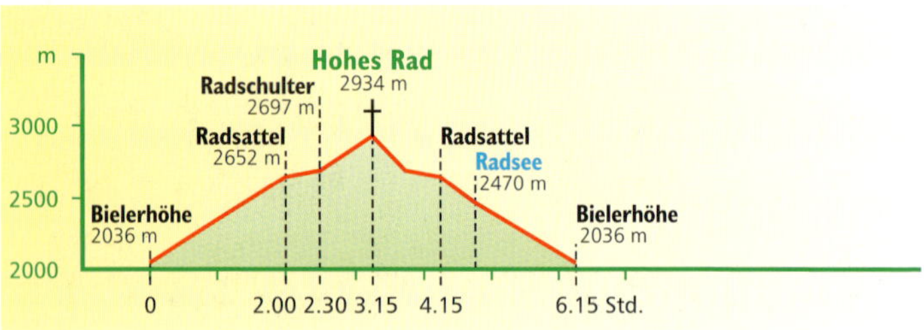

Von der nordöstlichen Staumauer auf der **Bielerhöhe** folgen wir dem Fahrweg, biegen bei der Straßenverzweigung rechts ab und bummeln unter der Großvermunt-Alpe dem Seeufer entlang. Von links kommt ein tosender Wasserschwall aus dem Berg heraus, einer der Auslässe der vielen Wasserüberleitungen in diesem Gebiet. Hinter der Brücke, die über diesen Wasserlauf führt, zweigt nach links der Sommerweg zur Wiesbadener Hütte ab. Wir folgen ihm über Bergwiesen leicht ansteigend, bis er weit oberhalb des südlichen Seeufers nach links, also gegen Südosten schwenkt.

Unser Bergpfad verläuft im Zickzack etwas hin und her und bringt uns über dem Ochsentaler Bach gegen Südosten zur Wegverzweigung auf 2432 m. Von dort wäre es nicht mehr weit zur Wiesbadener Hütte, einem Stützpunkt für Touren auf den Piz Buin.

Wir aber biegen links ab, queren einige wilde Bachläufe und steigen zackig zum breiten Radsattel hinauf. Im Sattel – mit seiner bunten Blumenpracht – halten wir uns wieder links und müssen ein gutes Stück absteigen. Wir kommen über Blockwerk und Firn und dann recht steil zur Radschulter hinauf. Auf der Schulter schwenken wir schon wie-

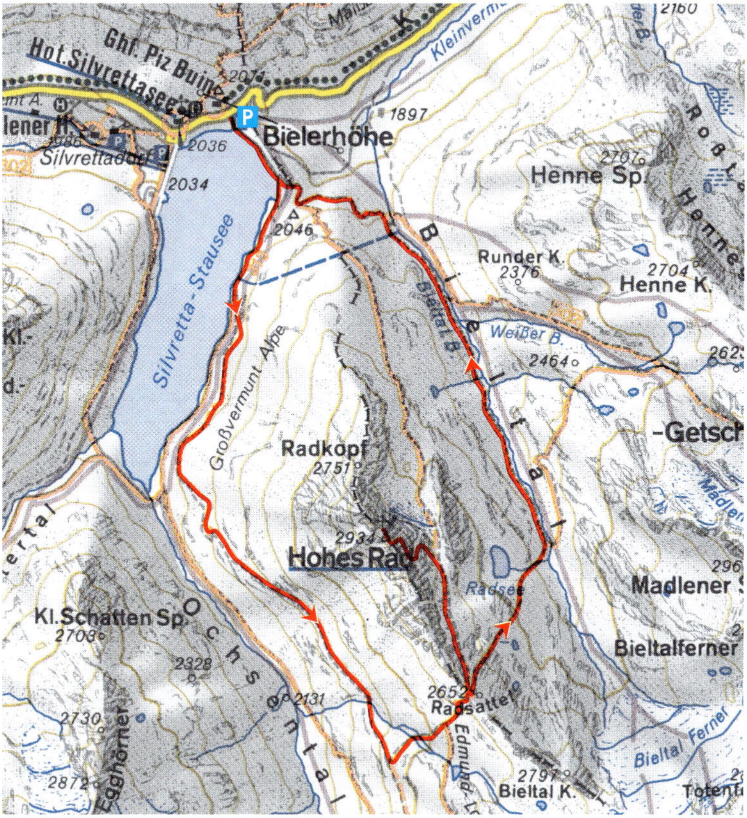

der nach links und kraxeln steil über Blockwerk nach Nordwesten zum Gipfelkreuz des **Hohen Rads** hinauf.

Im Abstieg folgen wir bis zur Radschulter der Aufstiegsroute. Dort können wir links abbiegen und gegen Norden durch eine Geröllrinne zur Großvermunt-Alpe absteigen, von wo es leicht zur Bielerhöhe zurückgeht. Weit interessanter ist es, wieder in den Radsattel abzusteigen und gegen Nordosten zum idyllischen **Radsee** hinunterzugehen. Von dort führt ein Weglein steil in das Bieltal hinab. Am Bieltalbach mit seinem milchig-grauen Gletscherwasser biegen wir links ab und wandern gemütlich das Bieltal zum Wasserausleitungsbauwerk hinaus und am Sträßchen zum Ausgangspunkt auf der **Bielerhöhe** zurück.

Am Radsee, hinten der Bieltalferner.

Kreuzjoch (Kreuzjochkopf), 2698 m

Über Mutter Köpfl und In der Keil

★★

Gipfelsammlung im Spiss

Nördlich des Spisser Tals zieht sich zwischen Pfunds und dem Zanderstal über den Hahntennenberg und das Kreuzjoch bis zum Mutter Köpfl ein scharf geschnittener Bergkamm hin, dessen wichtigste Gipfel auf dieser Tour überschritten werden. Nach dem schönen, aber steilen Anstieg auf das Mutter Köpfl kann man sich auf eine lange Gratwanderung einstellen. Sie zehrt an den Kräften, während sie streckenweise enorm steile Wiesenhänge quert, die von Abbrüchen durchsetzt sind. Wer die Berge rund um Samnaun kennt, weiß, dass das typisch für diese Gegend ist. Die schmalen Pfade sind mitunter arg lehmig und werden überdies von Schafen ziemlich in Mitleidenschaft gezogen und verschmutzt. Das mahnt Vorsicht und sauberes Gehen an. Außerdem sollte man niemals bei Schnee oder nassem Wetter aufbrechen; die Rutschgefahr auf den schmalen, lehmigen Pfaden wäre zu groß. Schwierig ist die Wanderung dennoch nicht, aber eine hervorragende Kondition verlangt die vorgestellte Runde schon. Auf der enorm langen Rundwanderung gibt es bereits vor dem ersten Gipfelziel herrliche Ausblicke, und das bleibt bis zum Ende so.

KURZINFO

Talort: Spiss, 1627 m. Landschaftlich großartiges, stilles Bauerndorf, das vom Rummel im benachbarten Samnaun unberührt geblieben ist.
Ausgangspunkt: Spiss-Gande, 1730 m. Busverbindung von Samnaun und Pfunds nach Spiss. Nach Pfunds Busverbindung von Landeck. Bis Spiss-Gande verkehrt nur höchst selten ein Bus.
Gehzeit: 6.45 Stunden.
Höhenunterschied: 1012 m.
Anforderungen: Einwandfreie Kondition, Trittsicherheit und etwas Schwindelfreiheit.
Einkehr: Jausenstation Kobler Alpe.

Beim Buswendeplatz in **Gande** beginnt die lange Wanderung. Von der Wandertafel und den vielen Wegzeigern gehen wir gegen Osten in den Wald hinauf. An beiden Wegverzweigungen halten wir uns links. Dann schwenkt der Pfad wieder rechts ab, führt über einen Rücken

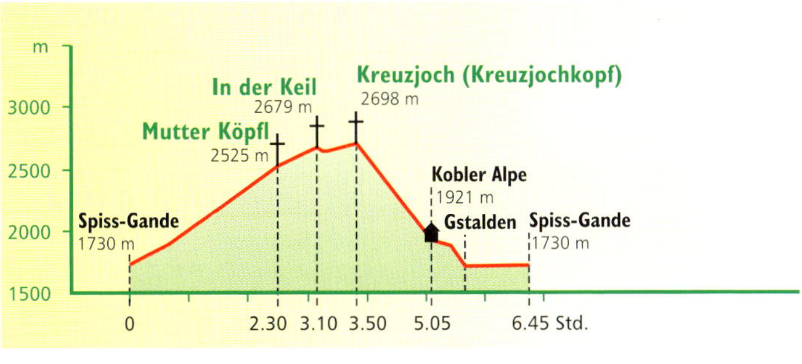

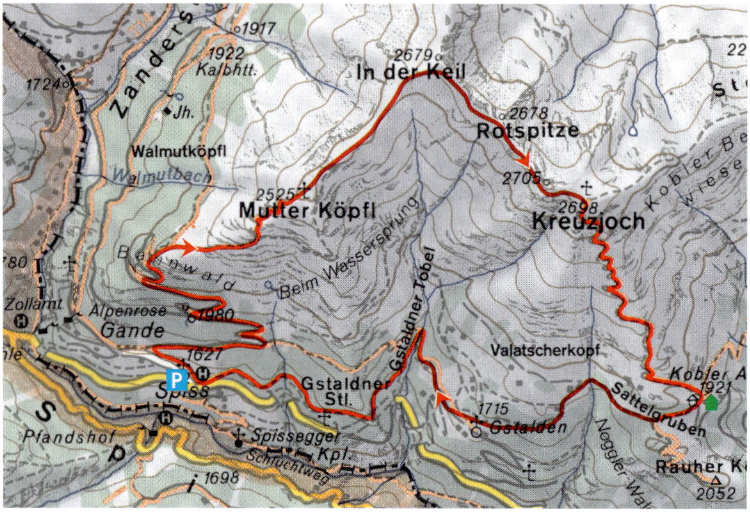

hinweg und gegen Osten durch eine Wiese abwärts. Wir gehen die Hangkante entlang und am Waldrand schräg links ziemlich steil bergauf. In einer freien Wiese erreichen wir einen Fahrweg (1895 m). Er gabelt sich an dieser Stelle, und wir folgen dem oberen Straßenast in den Bannwald hinein. Er schlängelt sich in Kehren ziemlich weit den Hang hinauf und ist recht angenehm zu begehen. An beschilderter und markierter Stelle verlassen wir die Straße nach links. Anschließend gehen wir noch ein kurzes Stück durch lichten Lärchenwald gegen Osten aufwärts und steigen auf Holztritten über einen Zaun. Gleich darauf erreichen wir die Baumgrenze und bei einigen Wegtafeln einen Brunnen mit frischem Wasser. Oberhalb des großen Zauns wandern wir im Wiesengelände gegen Osten weiter, schwenken etwas nach links (Nordosten) ab und steigen zwischen eigentümlichen Felsköpfen steil zum Gipfelkreuz am **Mutter Köpfl** (oder Mutta Kopf, 2525 m) hinauf.

Nach der Rast dem schmalen, markierten Weglein gegen Nordosten folgen. Es verläuft auf der Höhe von rund 2500 m am rechten oberen Rand des lang gezogenen Wiesengrats in ständigem leichtem Auf und Ab dahin. Allmählich wird das Weglein immer steiler, führt auf den Grat des zweiten Gipfelziels, **In der Keil** (2679 m), zu und über die Grathöhe hinauf.

Vom zweiten Gipfel haben wir die schönsten Ausblicke auf der gesamten Wanderung. Wir sehen in die Samnaungruppe hinein, wo der Hexenkopf dominiert, hinüber zu den Silvrettabergen, über das Inntal in die Ötztaler Alpen und über den Reschenpass und den Reschensee bis zur Ortlergruppe. Natürlich überblicken wir auch den langen Grat, an dem der Weg weiterführt. Er verläuft gegen Südosten, über eine Gratsenke (2650 m) und zu einem Gratausläufer, auf der rechten, der südwestlichen Seite des Bergkamms. Wir gehen über ihn hinweg und in ständigem Auf und Ab an allen folgenden Gipfeln vorbei. Wir

passieren also neben einigen unbenannten Gratzacken die **Rotspitze** (2678 m) und den Punkt 2705 m, bis wir die stark geneigten Wiesen verlassen und endlich zum **Kreuzjoch** hinaufkommen.
Vom Gipfel steigen wir auf einem markierten Pfad arg steil geradewegs durch die Wiesen nach Süden hinab. Dieser Bergpfad knickt am Hangrücken nach links (Osten) ab und fällt bald darauf – nicht mehr ganz so steil – in vielen Kehren wieder nach Süden hinab. Oberhalb der Sattelgruben, auf etwa 2045 m, gehen wir im lichten Nadelwald durch einen Taleinschnitt nach Osten und erreichen eine Fahrspur und ein Wegkreuz. Daneben ist eine Wasserfassung und knapp darunter die Jausenstation **Kobler Alpe** (1921 m), die im Jahr 1987 eingerichtet worden ist. Dort gibt es sogar ein Gästezimmer, also Übernachtungsmöglichkeit.
Von der Jausenstation gehen wir am Sträßchen ein paar Meter etwas ansteigend zurück und dann durch die Sattelgruben gegen Westen schwach abfallend weiter. Nach einem Weidegatter finden wir hoch oben im Baum eine Wegtafel. Sie

Steile Anstiege kennzeichnen die Route zum Kreuzjoch, hinten Schneegipfel der Silvrettaberge.

zeigt uns die Abkürzung nach Gstalda (oder Gstalden) an. Ein schmales Weglein führt von dort nach links über eine Wiese hinweg und weit über einem tiefen Bacheinschnitt in den Wald hinein. Es verläuft anfangs leicht abwärts und dann ein Stück eben dahin, bis es auf eine Fahrspur stößt, die deutlich abfällt und oberhalb von Gstalden am Waldrand den Hang quert. Nun gehen wir in den Mahdwiesen auf Fahrwegen zum wilden Gstaldner Tobel hinüber und durch diesen hindurch.

Westlich des Tobels steigt der breite Forstweg leicht an, und wir finden Wegtafeln. Der Einfachheit halber wählen wir die Route, die noch kurz am Fahrweg weiterführt und zum Kirchsattel in Spiss beschildert ist. Bald zweigt nach links ein schmaler, aber beschilderter Pfad ab. Er bringt uns am oberen Rand des Gstaldner Tobels auf stark abfallenden Waldhängen zunächst gegen Süden abwärts, dann aber steil zu einer kleinen Waldlichtung hinauf, wo eine Rastbank steht. Dort haben wir wieder die Höhe von Gstalden erreicht. Der Pfad knickt nach rechts ab und fällt im Wald sanft nach Westen ab, bis er nach einem Bachtobel, oberhalb der Autostraße, wieder ansteigt und zum Touristenhaus Ellerböck führt.

Beim Touristenhaus stoßen wir auf einen Trimm-dich-Pfad, nach dem uns vermutlich aber nicht zumute sein wird. Wir können von dort am Trimmpfad oder darunter auf der Asphaltstraße nach Spiss und nach **Gande** zurückgehen, wo der Ausgangspunkt nach dieser Gewalttour wieder erreicht wird.

Nach dieser langen Wanderung könnten wir unter Umständen etwas geschwächt sein. Zur Stärkung bietet sich das Wirtshaus Alpenrose mit seiner hervorragenden Küche an. Es steht gleich unter dem Ausgangs- und Zielpunkt in Gande.

Erste Gipfelrast am Mutter Köpfl, hinten der Piz Mundin.

Holzgauer Muttekopf, 2431 m

Von Holzgau über das Gumpegg

★★

Im Schatten der Mädelegabel

Was war das für ein traumhafter Fronleichnamstag, damals auf dem Muttekopf! Von Holzgau herauf hörten wir die Blasmusik, welche die Fronleichnamsprozession unten im Lechtal begleitete. Die frische Frühlingsluft wehte sanft über die Bergmatten, auf denen zwischen den letzten Schneeresten die Soldanellen, Küchenschellen und Krokusse blühten und zaghaft schon die ersten Enziane hervorspitzten. Die neugeborenen Lämmer inspizierten auf ihrem ersten Bergausflug neugierig die ihnen noch unbekannte Welt, die den kommenden Sommer ihre Heimat sein sollte. Wir stiegen durch eine herrliche Blumenwelt und die Stube der Murmeltiere. Dahinter erhoben sich die felsigen Paradegipfel der Allgäuer Alpen, die Mädelegabel, das Hohe Licht und die Krottenkopfgruppe, und im Süden sahen wir weit in die Lechtaler Alpen. Es war ein Bergtag, den wir nie vergessen werden! Und doch waren wir auch gefordert, denn zur Vorderen Mutte ist der Anstieg durchwegs sehr steil. Er folgt engen Pfaden und führt über fast senkrecht abbrechende Grate. Dort ist es wichtig, trittsicher und schwindelfrei zu sein.

KURZINFO

Talort: Holzgau, 1114 m. Malerisches Dorf mit spätbarocken Fassadenmalereien.
Ausgangspunkt: Kirche in Holzgau, 1114 m. Busverbindung von Reutte und Lech a.A.
Gehzeit: 5.40 Stunden.
Höhenunterschied: 1317 m.
Anforderungen: Trittsicherheit und Schwindelfreiheit erforderlich.

Gleich hinter der Kirche des malerischen Lechtal-Ortes **Holzgau** gehen wir auf einem Fahrweg gegen Westen hinauf, bis von beschilderter Stelle nach rechts (Norden) der markierte Aufstiegsweg durch nasse Wiesen zur Bergstation des kleinen Gföllberg-Skilifts führt. Dahinter bringt uns der Bergweg in den Wald hinein. Er steigt steil an und schwenkt auf der Höhe von etwa 1500 Meter links ab. Wir plagen uns nun durch eine Waldlichtung, später über freie Wiesen und steigen immer steiler zum **Gumpegg** (1747 m) hinauf.

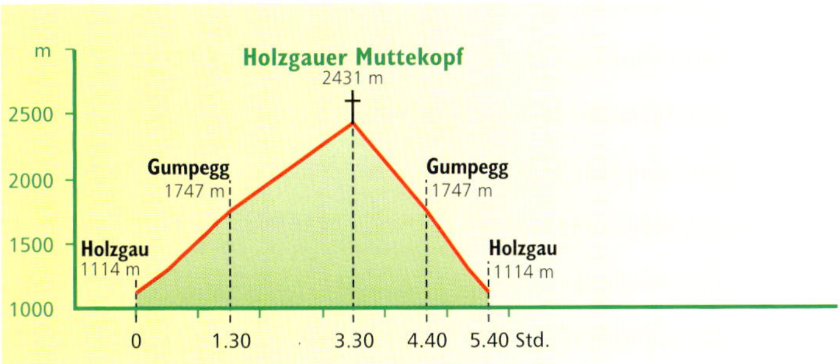

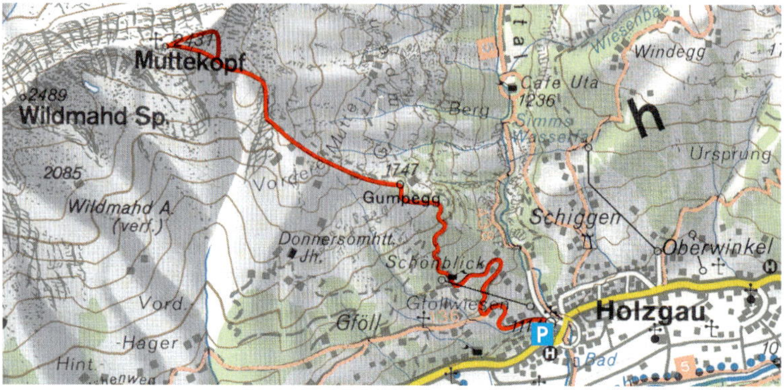

Nordwestlich dieses Aussichtspunktes verläuft die Aufstiegsroute über einen arg schmalen Höhenrücken zur Vorderen Mutte. Dort legt sich der Berg endlich ein wenig zurück und der Hang wird etwas flacher. Oberhalb wilder Abbrüche leitet der markierte Aufstiegsweg zur Hinteren Mutte, von wo wir geradewegs zum Gipfel hinaufsteigen können. Oder wir halten uns in der Hinteren Mutte etwas rechts (gegen Norden), gehen später wieder westwärts und in den Sattel östlich des Gipfels. Aus diesem Sattel folgen wir zuletzt einem schmalen Grat, riskieren ein paar eindrucksvolle Tiefblicke in das Schochental und kommen am Gipfel des **Holzgauer Muttekopfes** an.
Der Abstieg erfolgt entlang der Aufstiegsroute.

Erster Frühlingsausflug unter Wildem Kasten und Wildmahdspitzen.

Hochvogel, 2592 m

Rundtour über Hinterhornbach

★★★

Am Bäumenheimer Weg

So ein scharfer Gipfelzahn, wie ihn der Hochvogel zu bieten hat, fällt von allen Seiten auf. Und er lockt die Bergsteiger an wie ein Magnet. Natürlich kann die Tour dort hinauf kein Spaziergang sein, das sieht man dem Berg schon von unten an. Ganz so grimmig, wie der Gipfel aussieht, ist die Tour aber auch wieder nicht. Wir brauchen zwar einwandfreie Kondition und viel Ausdauer und sollten trittsicher und schwindelfrei sein für den steilen Felsenanstieg, aber richtig klettern müssen wir nicht. Am Bäumenheimer Weg gibt es eine Stelle, die besonders zu erwähnen ist. Die Route quert ein ungemütlich steiles Firnfeld, das sich bis weit in den Sommer hinein hält. Dort erfordert der Aufstieg ganz besondere Vorsicht. Wenn es kalt und der Schnee verharscht ist, sollte man sicherheitshalber Leichtsteigeisen anlegen. Lohnend ist diese Tour nicht nur wegen der rundum großartigen Ausblicke, sondern auch wegen der eindrucksvollen Landschaft am Berg und wegen der prächtigen Blumenwelt. Am Hochvogel gibt es eine gut bewirtschaftete Alpenvereinshütte, das Prinz-Luitpold-Haus. Es liegt zwar nicht direkt an unserer Route, doch wer dort einkehren oder übernachten möchte, kann es mit einem kurzen Abstecher von einer guten halben Stunde leicht erreichen.

Am Bäumenheimer Weg, oben das gefährliche Schneefeld.

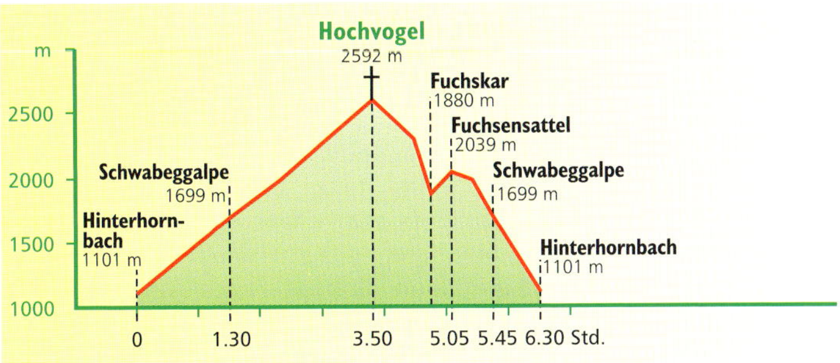

Der Hochvogel zeigt sich beim Anstieg mächtig und fast unnahbar.

KURZINFO

Talort: Hinterhornbach, 1101 m. Etwas abgelegener Ferienort.
Ausgangspunkt: Hinterhornbach, Gasthaus Adler, 1101 m. Busverbindung von Reutte und Steeg nach Vorderhornbach. Von dort 6 km.
Gehzeit: 6.30 Stunden.
Höhenunterschied: 1650 m.
Anforderungen: Lange, anstrengende Tour, die Trittsicherheit und Schwindelfreiheit fordert.
Einkehr: Prinz-Luitpold-Haus (stattlicher Abstecher von rund 500 Höhenmetern).

Diese Bergtour beginnt bei dem schönen Gasthof Adler in **Hinterhornbach**. Das sollten wir uns gut merken, denn nach der langen Tour wird jeder Bergsteiger, der was auf sich hält, noch Lust zu einer gemütlichen Einkehr haben.

Wir verlassen also den Ausgangspunkt und folgen dem Bergweg gegen Nordwesten in den Wald hinein. Bald kommen wir in eine herrliche Blumenwiese, und unsere Route quert mehrmals einen Fahrweg, bis sie sich wieder in den Wald hinein wendet. Sie schwenkt nach Norden ab und stößt zur **Schwabeggalpe** (1699 m). Dort lichtet sich der Wald und wir haben einen freien, großartigen Blick zu unserem Gipfelziel.

Im steilen Latschen-Südhang wird es nun etwas ungemütlich, wenn wir zu spät aufgebrochen sind und die Sonne schon kräftig scheint. Mühsam steigen wir über diesen Hang zu einem Höhenrücken hinauf, auf dem sich bei 1975 m der Weg gabelt. Unsere Route zweigt dort links ab und quert am Bäumenheimer Weg in einem weiten Linksbogen das Roßkar. Unter dem schroffen, felsigen Massiv des Hochvogels gehen wir zum Südgrat hinüber, den wir auf etwa 2000 m erreichen. Dort wird die Tour anstrengend. Enorm steil kraxeln wir immer wieder am Drahtseil den roten Markierungspunkten entlang und kommen an die eingangs erwähnte, anspruchsvolle, aber kurze Firnflanke heran, die wir beherzt queren, um dem Steig bis zum Gipfel des **Hochvogel** zu folgen.

Es gibt eine Abstiegsvariante, die alpinistisch weitaus weniger anspruchsvoll ist als unsere Leistung am zackigen Bäumenheimer Weg. Doch ist sie enorm lang, – dafür aber landschaftlich sehr ansprechend. Wer also nicht am Aufstiegsweg zurückgehen möchte, steigt vom Gipfel am markierten Steig gegen Nordwesten ab, geht an der Kreuzspitze vorbei und biegt bei der Routenverzweigung rechts ab. Von dort kommt man in den Kalten Winkel, in dem bis spät ins Jahr ausgedehnte Firnfelder dem Sommer trotzen. Wir queren diese Schneeflächen gegen Osten, steigen bis etwa 1880 m Höhe in das kühle **Fuchskar** hinab und aus ihm in den Fuchsensattel (2039 m) hinauf.

Dort müssen wir scharf rechts abbiegen und nach Süden zu dem Höhenrücken oberhalb der Schwabeggalpe queren. Auf der Höhe von 1975 m erreichen wir wieder den Aufstiegsweg, dem wir zum Wirtshaus in **Hinterhornbach** folgen.

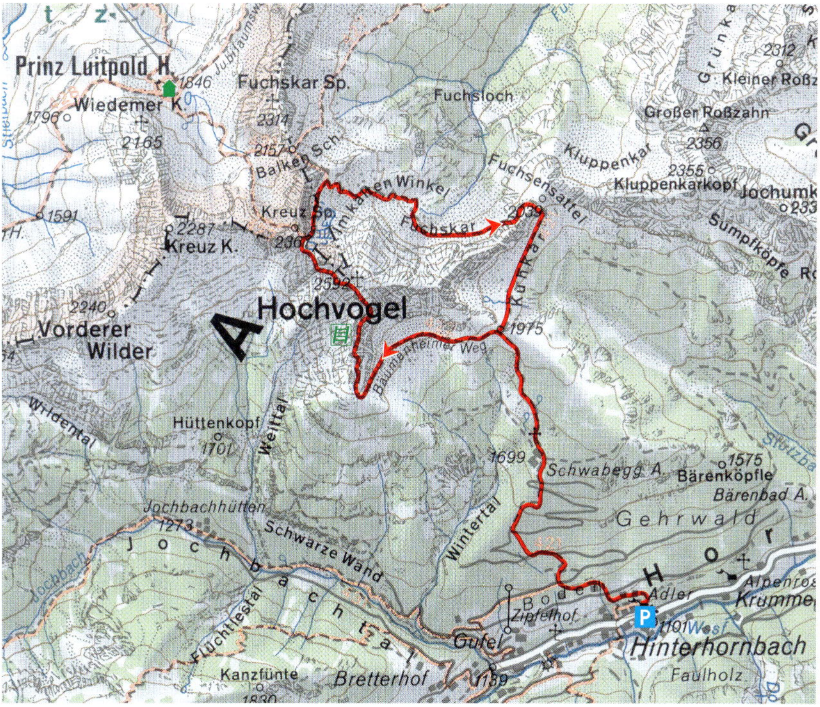

5 Lachenspitze, 2126 m

Über Traualpe und Landsberger Hütte ★★★

Drei Seen und drei Gipfel

Die Berge um den Vilsalpsee sind von unten und von oben schön anzusehen. Selbst vom Parkplatz aus wirkt die eindrucksvolle Berglandschaft für den Besucher recht imposant. Dort ist auch der ideale Ausgangspunkt, sei es für gemütliche Spaziergänge und kleine Wanderungen am Seeufer oder für große Überschreitungen und Rundtouren für den alpinistisch ehrgeizigen Wanderer. Für alle Arten der alpinen Kurzweil ist diese Berggegend also wie geschaffen. Die hier vorgestellte Tour gehört eindeutig zu den großen Unternehmungen. Gleich drei Gipfel, die Steinkarspitze (2067 m), die Lachenspitze (2126 m) und die Schochenspitze (2069 m), werden in mehr oder weniger einem Zug bestiegen. Diese Tour hat also nichts mit einer gemächlichen Wanderung zu tun. Sie ist ein tagesfüllendes Programm. Und wem das zu viel ist, dem bietet sich die malerisch gelegene Landsberger Hütte als Übernachtungs-Stützpunkt an. Für die Anstrengungen gibt es als Lohn ein tief greifendes Landschaftserlebnis und herrliche Ausblicke. Eigentlich ist die Wanderung nicht schwierig. Nur die Überschreitung der Lachenspitze in das Lachenjoch erfordert gehörige Portionen an Trittsicherheit und Schwindelfreiheit. Und für dieses kurze Routenstück begibt man sich ins Zweiergelände. Allerdings kann man die Tour vorher abbrechen und auf ordentlichen Wegen absteigen. Auch das ist hier beschrieben. Also ist diese pfiffige Stelle nur »Kür« und keinesfalls »Pflicht«.

Auf der Steinkarspitze.

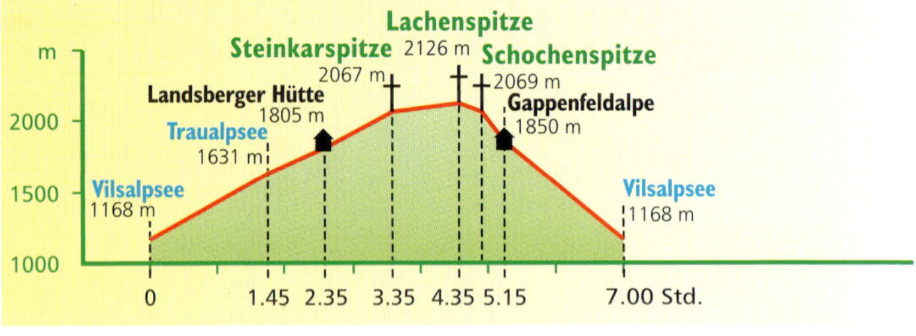

KURZINFO

Talort: Tannheim, 1097 m. Fremdenort, der früher vom Salztransport lebte.
Ausgangspunkt: Vilsalpsee, 1168 m. Busverbindung von Tannheim. Nach Tannheim Busverbindung von Reutte und Oberstdorf.
Gehzeit: 7.00 Stunden.
Höhenunterschied: 958 m.
Anforderungen: Grundsätzlich einfache Wanderung. Nur der optionale Übergang von der Lachenspitze ins Lachenjoch hinab erfordert Trittsicherheit und Schwindelfreiheit (Zweiergelände).
Einkehr: Landsberger Hütte, Gappenfeldalpe.

Vom Parkplatz am **Vilsalpsee** folgen wir dem Fahrweg am östlichen Seeufer bis zu einer Jagdhütte. Dort zweigt nach links der markierte Wanderweg ab, der am Bach entlang durch den Wald und über einen steilen Felsenhang in vielen Kehren zur Staumauer des **Traualpsees** (1631 m) hinaufführt. Der Weg führt am See entlang nach Süden und wieder in felsiges Gelände hinein. Eine Passage ist sogar mit einer Eisenkette gesichert. Weiter oben erreichen wir nochmals einen kleinen See, die Grüne Lache. Wir gehen an ihr vorbei, halten uns am Weg rechts und kommen bei der schmucken **Landsberger Hütte** (1805 m) an.
Nach der Einkehr folgen wir dem Bergweg gegen Westen und steigen unter den Gratausläufern der Roten Spitze in den Sattel zwischen Roter Spitze und Steinkarspitze hinein. Von diesem Sattel könnten wir in einer knappen halben Stunde nach rechts noch auf die Rote Spitze (2130 m) aufsteigen. Auf diese

Die schmucke Landsberger Hütte mit Steinkarspitze und Roter Spitze.

Der Weitblick von der Steinkarspitze in die Allgäuer Alpen reicht bis zum Hochvogel.

Weise hätten wir vier Gipfel im Programm. Damit uns das nicht zu viel wird, gehen wir im Sattel nach links dem Gratrücken entlang auf den wilden Gipfelfelsen der Steinkarspitze (2067 m) zu. Der Aufstieg führt von Westen her steil, aber unschwierig zum Gipfelkreuz der **Steinkarspitze** hinauf.

Von der Steinkarspitze kann man direkt steil nach Osten absteigen oder das erste Stück gegen Südwesten am Gratrücken weitergehen. Dann muss man sich links halten und über steile Wiesen zum Grat absteigen, der in den Sattel zwischen Steinkarspitze und Lachenspitze führt. Ein guter Steig bringt uns nun fast eben, später aber wieder ziemlich steil in vielen Kehren zum Gipfelkreuz der **Lachenspitze** (2126 m).

Wem der beschriebene Weiterweg zur Schochenspitze zu anspruchsvoll ist, der geht vom Gipfel zurück zur Scharte zwischen Steinkar- und Lachenspitze, hält sich dort rechts, gegen Norden, und geht am Aufstiegsweg zum Vilsalpsee zurück.

Interessanter ist jedoch die Überschreitung der Lachenspitze. Sie führt vom Gipfel das erste Stück ziemlich steil und sehr ausgesetzt (kaum Griffe) nach Nordosten hinab. Die Markierungszeichen weisen etwas südöstlich des Grates in das Lachenjoch und von dort über weite Wiesenhänge steil zur **Schochenspitze** (2069 m) hinauf.

Wir überschreiten auch diesen Gipfel, indem wir nach Norden zum Saalfelder Höhenweg gehen. Dann kommen wir in den Schochensattel, von wo wir ein paar Meter sehr steil hinab (Seilsicherung) und weiter

zur Jausenstation **Gappenfeldalpe** (1850 m) gehen. Wenn unsere Planung stimmt, werden wir zur Kaffeepause dort ankommen. Die Wirtin backt einen hervorragenden Kuchen, den sich niemand entgehen lassen sollte.
Bei der Gappenfeldalpe biegen wir links ab, steigen gegen Nordwesten über den Gappenfeldbach zu einem Fahrweg und erreichen die Autostraße, neben der wir am Wanderweg zum Ausgangspunkt am **Vilsalpsee** zurückbummeln.

Der markante Gipfel der Schochenspitze.

6 Geißhorn, 2249 m

Überschreitung bis zum Kugelhorn ★★

Rundtour über dem Vilsalpsee

Das Geißhorn, einer der höheren Gipfel um den Vilsalpsee, zählt auch zu den schneidigeren, was die alpinen Herausforderungen angeht. Trotzdem erhält der Berg recht viel Besuch. Selbst am Nachbargipfel, dem Rauhhorn, für dessen Besteigung man sich schon deutlich ins »Zweiergelände« vorwagen muss, ist es längst mit der Gipfeleinsamkeit vorbei. Die große Beliebtheit dieser Berge liegt einfach an der spannenden Felslandschaft auf den Gipfeln und Graten und der hervorragenden Aussicht. Sie reicht vornehmlich in die Lechtaler Alpen und die Tannheimer Gruppe sowie ringsum in die Allgäuer Alpen, bei klarem Wetter auch noch weit ins Allgäu hinaus. Wer, wie es hier beschrieben ist, mit dem Geißhorn auch noch dem Rauhhorn und dem Kugelhorn seine Aufwartung machen möchte, der darf sich auf ein tagesfüllendes Programm einstellen, bei dem es keine Langeweile gibt. Nur auf einen ordentlichen Muskelkater sollte man gefasst sein, wenn man nicht gut trainiert ist. Zu Saisonbeginn finden sich auf der Westseite des Geißhorns bisweilen steile Firnfelder, die – besonders bei Vereisung – große Vorsicht gebieten. Beim Abstieg vom Kugelhorn zur Vilsalpe ist der Boden arg lehmig, was den Pfad bei feuchter Witterung in eine gefährliche Rutschbahn verwandelt. Also werden wir aufpassen – nicht nur beim Kraxeln auf den Gipfelgraten!

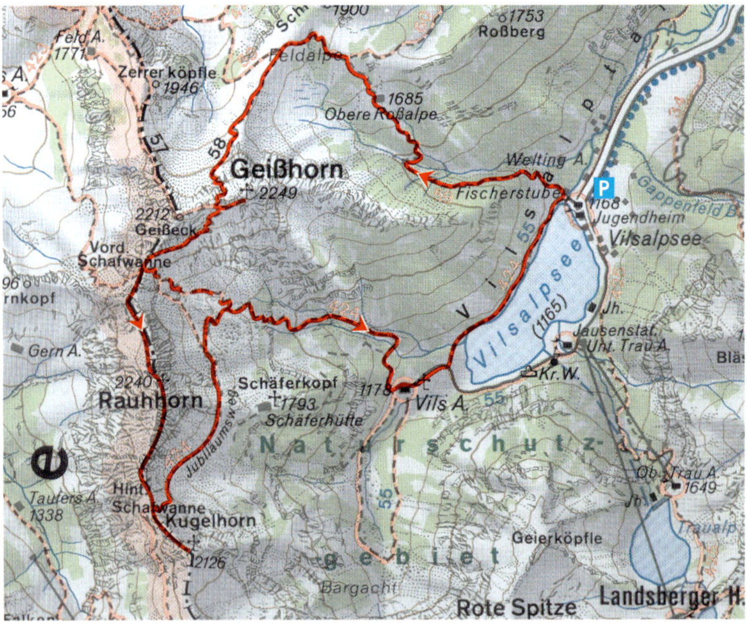

KURZINFO

Talort: Tannheim, 1097 m. Tourismusort in malerischer Berglandschaft.
Ausgangspunkt: Vilsalpsee, 1168 m. Busverbindung von Tannheim. Nach Tannheim Busverbindung von Reutte und Oberstdorf.
Gehzeit: 6.40 Stunden.
Höhenunterschied: 1440 m.
Anforderungen: Trittsicherheit, Schwindelfreiheit und gute Kondition notwendig.

Die Gipfelpyramide des Geißhorns.

Von der Fischerstube am **Vilsalpsee** folgen wir dem markierten Bergweg gegen Westen zur Weltingalpe, und schon bald führt der Pfad in lichten Wald hinein. Oberhalb der Waldgrenze verläuft die Route im Buschwerk an einem tiefen Graben entlang, bis sie an einer der vielen Bachverbauungen den Wasserlauf quert. Anschließend steigen wir ein Stück gegen Norden auf, biegen wieder gegen Nordwesten ab und kommen auf die freien Wiesen der **Oberen Roßalpe** (1685 m).
Wir gehen an der Alpe vorbei und über weite Matten und durch Latschengebüsch zur Feldalpe hinauf. Von dort bringt uns die Wegspur auf den breiten Rücken zwischen Schnurschrofen und Geißhorn. Wir biegen links (gegen Südwesten) ab und folgen dem Höhenzug, bis sich dieser zu einem schmalen Grat zusammenschnürt. Die Markierungszeichen weisen nun in die wilden und felsigen Westhänge des Geißhorns hinein. Der Anstieg wird immer steiler, wir queren einige wilde Lawinenreißen, und der Hang schwingt sich immer mehr auf. Es ist kaum vorzustellen, aber durch dieses abenteuerliche Berggelände führt eine Skitourenabfahrt hinunter. Wir erreichen endlich den harmlosen Gipfelgrat, über den wir dann das letzte Stück gemütlich nach Osten zum Gipfelkreuz des **Geißhorn** hinaufgehen.
Vom Kreuz steigen wir ein kurzes Stück nach Westen am Grat ab, halten uns dann links und gehen am Geißeck vorbei in das Geißeckjoch (2050 m). Von dort gibt es eine direkte, relativ harmlose Abstiegsvari-

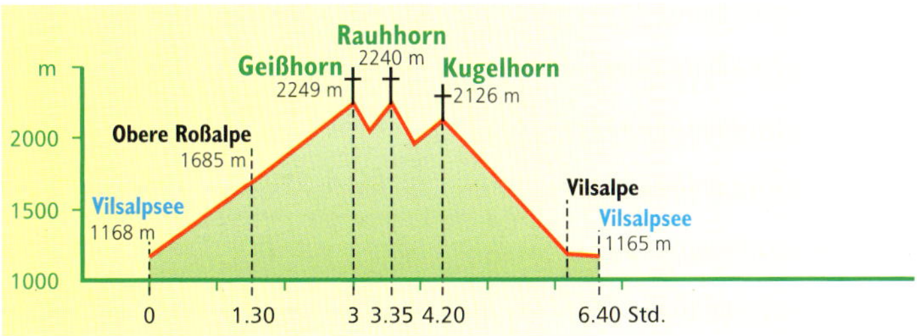

ante zum Vilsalpsee hinunter. Wer das Abenteuer sucht, bleibt am Berg, denn die Tour hält noch beachtliche alpine Potenziale bereit, die es auszuschöpfen gilt. Nur wenn man absolut trittsicher und schwindelfrei ist, darf man nach Süden entlang den Markierungszeichen durch einen kurzen, aber pfiffigen Kamin hinaufkraxeln, um stark ausgesetzt am Drahtseil zum wilden **Rauhhorn** (2240 m) aufzusteigen.

Am zweiten Gipfelziel wird es dann deutlich einfacher. Wir steigen in langer, aber recht leichter Kletterei in den Sattel zwischen Rauhhorn und Kugelhorn ab. Von dort gibt es einen Abstiegsweg zum Vilsalpsee. Wer noch immer nicht müde ist, und von Gipfeln nicht genug bekommen kann, sollte aus diesem Sattel in einer knappen halben Stunde noch das **Kugelhorn** (2126 m) mitnehmen. Anschließend muss man allerdings wieder in den Sattel zurück, um am Jubiläumsweg zum **Vilsalpsee** abzusteigen.

Unterwegs am Geißhorn.

Holzgauer Wetterspitze, 2895 m

Durchs Kaisertal

★★

Die Holzgauer Wetterspitze

Holzgauer oder auch Lechtaler Wetterspitze wird unser Berg genannt. Er ist eine recht stattliche Erscheinung, und er zählt zu den höheren Gipfeln der Lechtaler Alpen. Da steht es ihm schon zu, dass er von seinen Besteigern einiges an sportlichem Ehrgeiz verlangt. Dafür bietet er aber auch eine eindrucksvolle Rundschau vom Gipfelfelsen. Geschenkt bekommt man das Gipfelerlebnis nicht. Man muss es sich an einigen ziemlich luftigen Passagen erarbeiten. In der Urlaubszeit wird die Tour übrigens relativ oft gegangen, weil sie beim Übergang von der Frederik-Sims-Hütte zur Kaiserjochhütte fast am Weg liegt und als Höhepunkt gerne »mitgenommen« wird. Wir starten in Kaisers und ziehen die lange Bergtour an einem einzigen Tag durch. Das erfordert eine einwandfreie Kondition, die für 1377 Höhenmeter herhalten muss. Dabei ist der lange Gegenanstieg am Kälberlahnzugjoch mitzurechnen. Zum satten Höhenunterschied kommt die große Entfernung. Die weite Strecke fällt allerdings leichter, wenn man von Kaisers bis zur Jausenstation Kaiseralphütte mit dem Radl hinauffährt. Das geht recht gut, denn der benutzte Wirtschaftsweg ist nicht sonderlich steil. Wer bei der Kaiseralphütte sein Bike abstellt, sollte den Sattel sichern. Bei unserem Besuch gab es eine Kuh auf der Alp, die ihre besondere kulinarische Liebe Fahrradsätteln widmete und diese als extra Leckerbissen verspeiste. Sie war nicht besonders wählerisch. Selbst meinen billigen Kunststoffsattel hat dieses wahnsinnige Rindvieh bis auf das Drahtgerüst abgefressen, und ich musste auf den Pedalen stehend nach Kaisers hinausradeln.

KURZINFO

Talort: Steeg, 1124 m. Bergbauerndorf mit einziger Käserei des Tiroler Lechtals; sie bietet besondere Spezialitäten an.
Ausgangspunkt: Kaisers, 1518 m. In der Wandersaison Busverbindung von Steeg. Nach Steeg Busverbindung von Reutte und Lech a.A. nach Steeg.
Gehzeit: 7.00 Stunden.
Höhenunterschied: 1377 m.
Anforderungen: Ausdauer, Trittsicherheit und Schwindelfreiheit zwingend notwendig.
Einkehr: Kaiseralphütte.

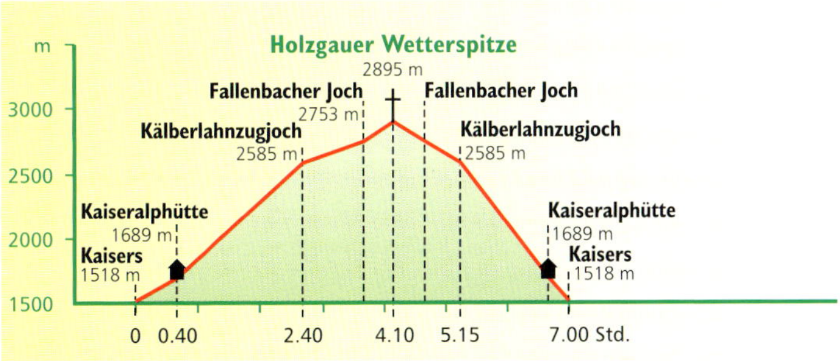

Am Kälberlahnzug.

Wer gerne bis zum letzten Meter mit dem Auto fährt, kann zum Sperrschild in das Kaisertal hineinfahren. Ansonsten wandern wir schon in **Kaisers** los, oder fahren mit dem Fahrrad bis zur Jausenstation **Kaiseralphütte** auf der Höhe von 1689 m. Oberhalb der Alphütte schwenkt die Route links – gegen Osten – ab und bringt uns auf breitem Weg durch lichten Wald dem Kaiserbach entlang. Oberhalb der Waldgrenze verläuft der Bergpfad in breite, kaum ansteigende Geröllflächen. Die Markierungszeichen weisen ein wenig links (gegen Norden). Bei der Wegverzweigung (ein schmales Weglein führt zum Stierlahnzugjoch hinauf) gehen wir geradeaus weiter. Anschließend schwingt sich der Hang bis zur Höhe von etwa 2200 m deutlich auf. Das Gelände flacht wieder ab, und der Weg verläuft durch eine ausgedehnte feuchte Ebene, an deren Nordende der Pfad wieder in felsigeres Gelände führt. Das Gelände dort heißt Kälberlahnzug. Es wird auf einem Stück wieder etwas steiler, bis wir bei etwa 2400 m abermals auf eine Ebene stoßen, in der sich ein paar Himmelsaugen (kleine Seen) befinden. Dort kann der Lawinenschnee bis in den Hochsommer liegen bleiben.
Der Anstieg wird abermals steiler. Der Weg trifft auf die Route, die von der Feuerspitze herabkommt, und mündet in das **Kälberlahnzugjoch** (2585 m). Wir überschreiten das Joch gegen Norden, steigen etwa 50 Höhenmeter steil ab und schwenken nach rechts, um durch Firnfelder und steiles Geröll in vielen Kehren gegen Osten in das **Fallenbacher Joch** (2753 m) aufzusteigen. Dieses ist zwischen Feuerspitze und Wetterspitze eingeklemmt. Dort biegen wir links ab und gehen gegen Norden am Grat zum felsi-

gen Gipfelaufbau. Die schmale Trittspur bringt uns in die Felsen und schwingt sich enorm auf. Streckenweise müssen wir kräftig zupacken, wenn wir die steilen Felsen sicher ersteigen wollen. Dann kommen wir an ein Felsenfenster, das »Kammerloch«. Es präsentiert uns nach Norden einen Blick, den man vertragen muss. Er führt über senkrechte Wände hinunter und verlangt schon ziemlich viel Schwindelfreiheit. Beim Kammerloch biegen wir scharf rechts ab und kraxeln gegen Nordosten weiter hinauf. Ein kurzes Stück führt ziemlich ausgesetzt über eine Platte hinweg. Anschließend geht es am Drahtseil um eine zackige Felskante herum und zum Schluss wieder recht gemütlich über Blockwerk zum Gipfel der **Holzgauer Wetterspitze** hinauf.
Der Abstieg erfolgt entlang der Aufstiegsroute.

Nach dem anspruchsvollen Abstieg von der Wetterspitze wird das Gelände am Kälberlahnzug einfacher.

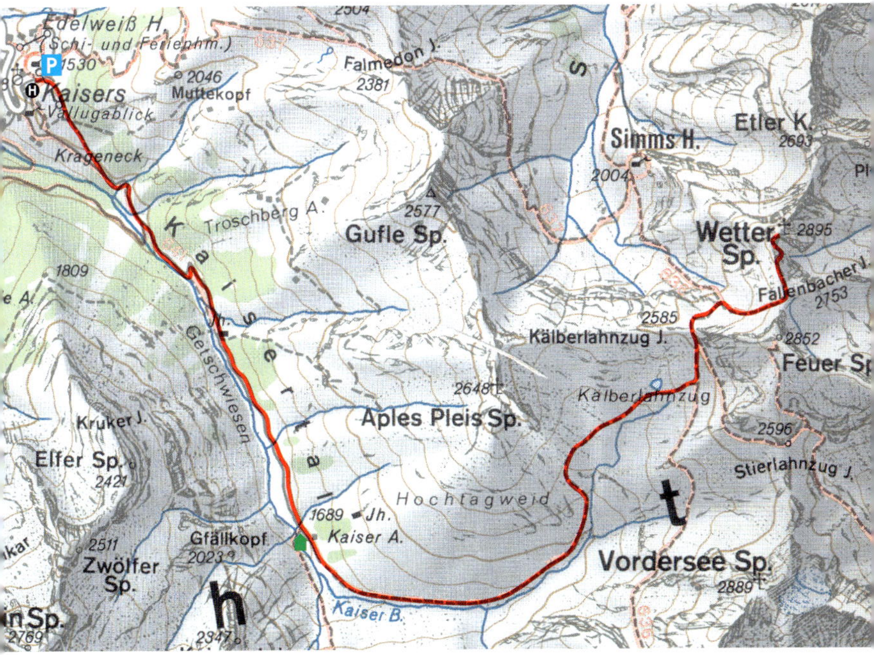

8 Muttekopf, 2774 m

Über die Fundaisalm

★★★

Vom Hahntennjoch zum Muttekopf

Dieser Muttekopf ist einer der höheren Gipfel der Lechtaler Alpen. Er wird gerade noch zu den Lechtalern gezählt, denn schon vis-à-vis des Inntals erheben sich die Ötztaler Alpen, und jenseits des Gurgltales steigt der zur Mieminger Kette gerechnete Tschirgantkamm an. Bei bergsteigerisch ehrgeizigen Wanderern hat unser Ziel einen recht guten Namen. Sein Gipfel reicht an die beachtliche Höhenmarke von 2800 m fast heran. Und doch ist er dank der hohen Lage des Ausgangspunktes relativ flott und auch ohne besondere Schwierigkeiten erreichbar. Der Muttekopf bietet einen Rundblick der Sonderklasse. Wir schauen in die Lechtaler und Allgäuer, aber auch in die Ötztaler Alpen, wo sich an klaren Tagen die Wildspitze zeigt. Auch nach Imst hinunter sind die Blicke recht schön. Für geologisch Interessierte ist der Muttekopf ein Leckerbissen. Die zahlreichen offen zu Tage tretenden Gesteinsformationen zeigen die Entwicklung der Alpen. Die Route ist streckenweise sehr steil und auf einigen kurzen Strecken mit Drahtseilen gesichert, schwierig ist sie aber nicht. Bei nassem Wetter, Schnee oder gar Vereisung sollten wir trotzdem besonders vorsichtig sein.

KURZINFO

Talort: Imst, 827 m. Wirtschaftsstandort und Touristenort im Inntal.
Ausgangspunkt: Pfafflar, 1619 m. Zugverbindung von Innsbruck nach Imst. Von dort 18 km.
Gehzeit: 5.30 Stunden.
Höhenunterschied: 1155 m.
Anforderungen: Gute Kondition, Trittsicherheit.

Am Muttekopf.

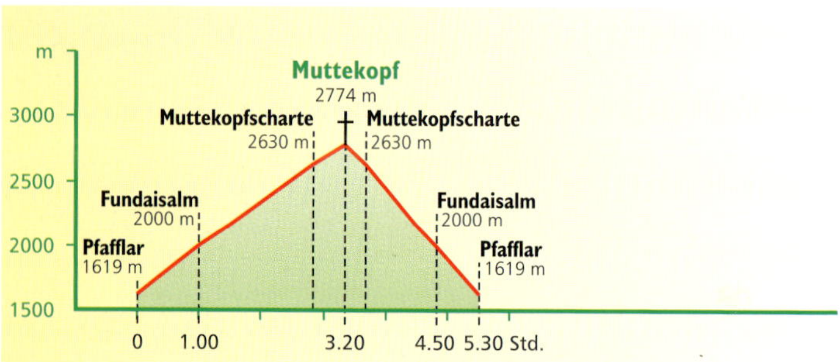

Gipfelblick vom Muttekopf auf die Berge der Lechtaler Alpen.

Wir verlassen bei der Imbissstube in **Pfafflar** die Hahntennjochstraße auf markiertem Weg in dichten Wald nach Süden. Kurz steigt die Route stark an, bis wir oberhalb eines Wohnhauses freies Wiesengelände erreichen. Von dort gehen wir in den weiten Talgrund des Fundaisbachs hinab. Wir folgen dem leicht ansteigenden Weglein neben dem munteren Bach nach Süden und erreichen unterhalb der Fundaisalm eine Steilstufe. Mühsam überwinden wir 200 Höhenmeter Steilhang und stoßen dann auf einen leicht ansteigenden Boden, grün und weit. Das schöne Fleckerl ist ein guter Platz für die erste Rast, denn wir wollen uns Zeit lassen, schließlich sind wir zur Erholung unterwegs...
Oberhalb dieser Ebene stößt unsere Route auf etwa 2160 m auf den Weg, der von der Hanauer Hütte herüberführt. Dort halten wir uns scharf links und gehen gegen Nordosten auf die Kübelwände zu. Die Etappe durch diese Wände wirkt etwas trist, doch lässt sich der Pfad auch in dieser Felsregion erstaunlich gut begehen. Wir folgen ihm in die Muttekopfscharte (2630 m), aus der wir über den breiten Grat geradewegs zum riesigen Gipfelkreuz des **Muttekopf** kommen.
Der Abstieg erfolgt entlang der Aufstiegsroute.

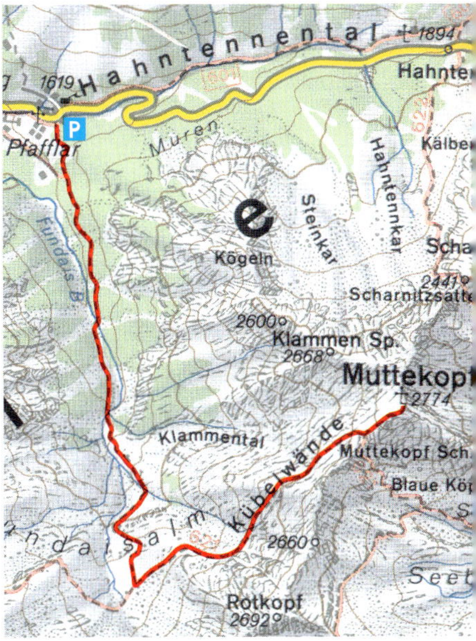

9 Namloser Wetterspitze, 2553 m

Durch das Sommerbergtal ★★

Über Namlos

Die Wetterspitze hat einen guten Namen. Schaut man vom stillen Namlos zur Wetterspitze hinauf, dann wird man beeindruckt sein von der bizarren Schönheit dieser markanten Berggestalt. Oberhalb des Dreierkars ziehen scharfe Felsbänder quer durch die Nordwand. Sie geben unserem Gipfelziel ein Aussehen, das bei »Otto Normalbergwanderer« keine Lust wecken wird, sich dort hinaufzubegeben. Doch Otto irrt. Er kennt ja die schwache Seite der Namloser Wetterspitze nicht. Wir gehen nämlich durch das Sommerbergtal zur Wetterspitze hinauf und überlisten die zackigen Gipfelfelsen auf der Südwestseite über eine steile, aber leicht zu begehende Bergflanke. Am Gipfelkreuz erwartet uns eine Aussicht der Königsklasse, die in die Allgäuer Alpen, zur Silvretta und an klaren Föhntagen bis zur Ortlergruppe, in die Ötztaler und Stubaier Alpen reicht. Bei Nässe ist der Weg stellenweise sehr rutschig, und wenn Schnee liegt, dann sollten wir wegen drohender Lawinen und der Rutschgefahr in den steilen Grashängen lieber auf die Wetterspitze verzichten.

Der Gipfel der Namloser Wetterspitze ist geschafft!

KURZINFO

Talort: Stanzach, 939 m. Heimatort der »Lechtaler Teppiche«, erdbebengefährdetes Gebiet.
Ausgangspunkt: Parkplatz an der Kehre der Straße zwischen Namlos und Stanzach kurz vor der Abzweigung nach Fallerschein, 1178 m. Busverbindung von Reutte und Lech a.A. nach Stanzach. Von dort gut 8 km. Die Zufahrt nach Fallerschein ist nur mit dem Fahrrad erlaubt.
Gehzeit: 6.25 Stunden.
Höhenunterschied: 1375 m.
Anforderungen: Unschwierige Tagestour.
Einkehr: Jausenstation Olga, Fallerschein.

Spätherbstliche Gipfelrundschau von der Namloser Wetterspitze.

Vom Parkplatz folgen wir noch ein kurzes Stück der Straße Richtung Stanzach, bis links eine schmale Bergstraße abzweigt. Auf dieser gehen wir, den Leitenbach überquerend, zur ehemaligen Sennerei und heutigen Sommerfrische **Fallerschein** (1302 m). Hier erwartet uns die Jausenstation Olga nach der Tour. Nun folgen wir dem markierten Bergweg westlich des tiefen Talgrundes gegen Süden hinauf. Kurzzeitig bringt uns die Route durch einen Waldgürtel und überquert auf einem Steg den Sommerbergbach. Wir steigen anschließend auf den unteren Hängen des Ochsenbodens östlich des Sommerbergbachs weiter gegen Süden auf und stoßen unter dem Sommerberg auf eine kleine Hütte (1752 m). Die Wegspur schwenkt dort nach links und führt über frische Wiesen nach Südosten hinauf, bis sie nordöstlich des Kreuzjochs auf der Höhe von 2080 m in das **Putzenjoch** mündet. Im Joch halten wir uns links und steigen gegen Nordosten in die lange Gipfelflanke. Geraume Zeit plagen wir uns am stark geneigten, sonnigen Grashang bergwärts, bis endlich das Gipfelkreuz sichtbar wird. Zum Schluss trumpft die **Namloser Wetterspitze** mit einem

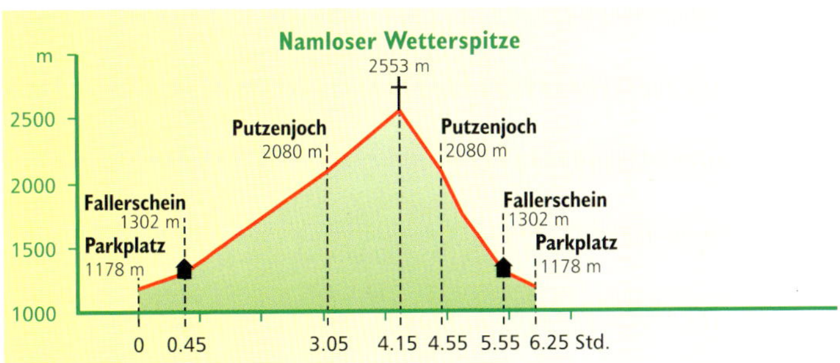

arg steilen, aber unschwierigen Hang auf. Wir queren ihn durch Geröll und über Felsen und erreichen den höchsten Punkt.

Der Abstieg erfolgt entlang der Aufstiegsroute.

Wer enorm viel Zeit und zudem eine gute Kondition hat, kann vom Gipfel auch gegen Süden über den Grubigkopf (2275 m) absteigen. Diese Route führt dann gegen Osten auf dem Anhalter Höhenweg zum Grubigjoch (2185 m) und in das Brennhüttental, das auf der Höhe von 1831 m erreicht wird. Durch dieses kann man gegen Norden nach Namlos hinausgehen oder nach Süden, am Tschachaun vorbei, zur Anhalter Hütte (2038 m) aufsteigen.

Schwarzhanskarspitze, 2227 m

Überschreitung zum Schartenberg

★★

Aussichtsrunde in der Liegfeistgruppe

Dieser Berg mit dem netten Namen ist erstaunlicherweise als lohnender Wandergipfel kaum bekannt und fast ein Geheimtipp. Und das, obwohl er zu den höheren Gipfeln der Liegfeistgruppe gehört. Dabei fordert er alpinistisch nicht zu viel und ist erreichbar für jeden Wanderer, der eine ordentliche Kondition mitbringt. Der Gipfel bietet im Rundblick den höchsten Berg Deutschlands, die Zugspitze, und mit der Mädelegabel einen der namhaftesten. Von der Schwarzhanskarspitze betrachtet, stehen sie sich ziemlich genau gegenüber. Hat man nach dem stattlichen Gipfelanstieg und der eindrucksvollen Rundschau noch nicht genug, kann man eine Variante einplanen. Diese erfordert allerdings, genauso wie die letzten Meter beim Aufstieg, Trittsicherheit und Schwindelfreiheit, vor allem wegen der stark geneigten Geröllreißen. Auch wird die Tour dann ziemlich lang und anstrengend, was zusätzliche Kondition verlangt. Übrigens: Wenn Schnee liegt, bleibt man vorsichtshalber unten, denn die Gefahr, in den steilen Hängen abzurutschen, ist sehr groß.

Gipfelanstieg zur Schwarzhanskarspitze: der Sonne entgegen.

KURZINFO

Talort: Forchach, 910 m. Abseits der Verkehrsströme gelegener Bauernort.
Ausgangspunkt: Wirtshaus Sonne in Forchach, 910 m. Busverbindung von Reutte und Lech a.A.
Gehzeit: 7.05 Stunden.
Höhenunterschied: 1319 m.
Anforderungen: Insbesondere die Abstiegsvariante erfordert Trittsicherheit und Schwindelfreiheit, aber man kann auch auf dem Aufstiegsweg zurückgehen.

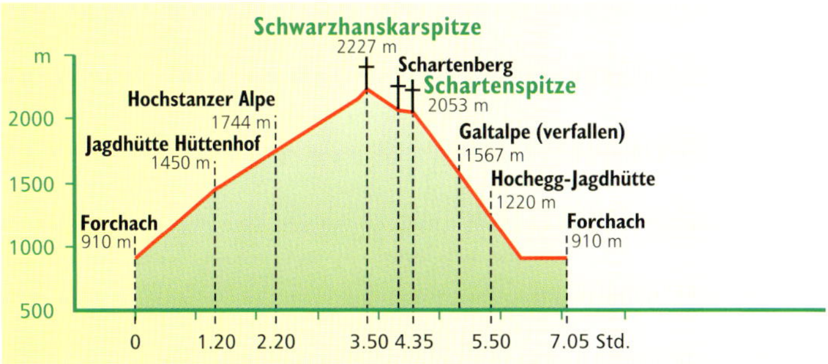

Gipfelfreuden auf der Schwarzhanskarspitze ...

Die »Sonne« sollten wir uns merken. Bei diesem Wirtshaus in **Forchach** beginnt die Wanderung, und dort können wir nach vollbrachter Tour auch gut einkehren. Auf der Forststraße verlassen wir den Fahrweg. Schon nach wenigen Minuten biegt eine markierte Pfadspur rechts ab und bringt uns gegen Südosten in den Wald hinein. Die weitere Route ist zum »Älpele« (Hochstanzer Alpe) gut beschildert. Sie führt arg steil gegen Südosten den Berg hinauf, an der Jagdhütte Hüttenhof (1450 m) vorbei und dann nach Süden zur Hochstanzer Alpe (1744 m). Wir gehen an der Alpe vorbei und dann nach links (gegen Osten) weiter. Unter der Schwarzhanskarspitze knicken wir nochmals links ab, queren gegen Norden – die Mahd-

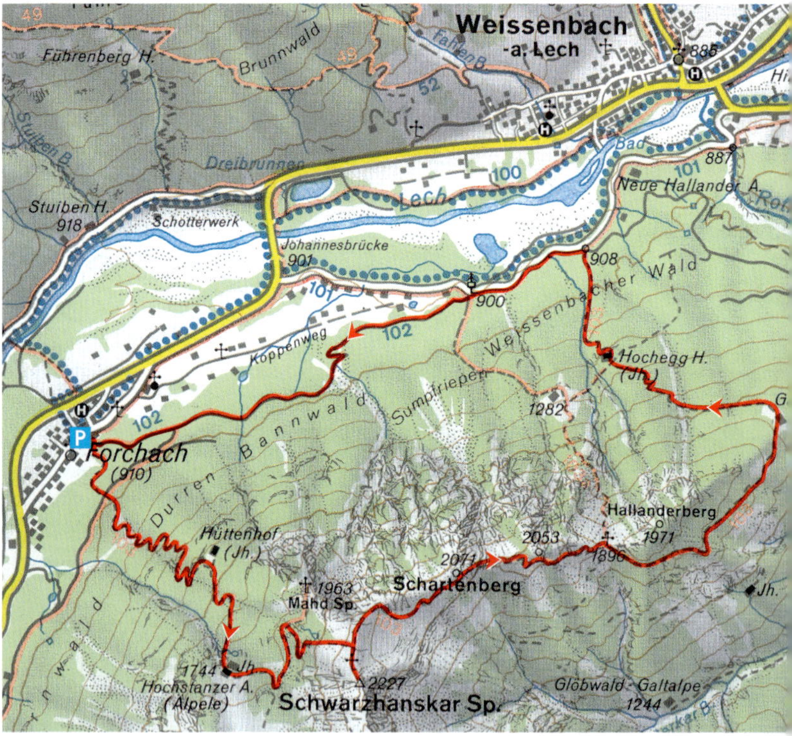

... und großartige Ausblicke über das Lechtal zu den Ammergauer Alpen.

spitze vor Augen – einen steilen Geröllhang und kommen in ausgedehnte, steile Grashänge. Nach einem Rechtsschwenk müssen wir kurz gegen Süden hinauf, halten uns aber wieder links, um nach Osten zum Gratverlauf zwischen Schwarzhanskarspitze und Schartenberg aufzusteigen. Auf der Grathöhe biegen wir bei 2150 m Höhe rechts ab und folgen dem Grat in südlicher Richtung bis zum Gipfelkreuz. Vom Kreuz sind es noch ein paar Meter zum höchsten Punkt der **Schwarzhanskarspitze** hinauf.

Wer fit ist und nicht entlang der Aufstiegsroute absteigen möchte, folgt vom Gipfel rechts des Kammes dem Höhenzug nach Nordosten zum **Schartenberg** (2071 m), zur Schartenspitze (2053 m) und in das Schartenjoch (1896 m). Im Joch gehen wir geradeaus, also gegen Osten weiter. Erst unter dem Hallanderberg schwenkt die Route in einem leichten Bogen nach Nordosten und verläuft bis zur verfallenen Galtalpe (1567 m) in dieser Richtung. Von dort steigen wir gegen Westen, später Nordwesten, über den Hallander Boden ab und kommen wieder in den Wald und zur kleinen Jagdhütte am Hochegg auf 1220 m. Unter der Jagdhütte müssen wir peinlich genau auf die Markierungszeichen achten. Sie weisen uns sehr steil am Rand wilder Felswände durch den Wald hinab, quer über eine breite, aber steile Geröllreiße und ins Lechtal hinunter. Beim Wandernadelkontrollpunkt stoßen wir auf eine Forststraße und folgen ihr nach links (Westen), an einer verfallenen Triftklause vorbei und zur Jause im Gasthaus Sonne in **Forchach**.

11 Galtjoch, 2109 m

Von Rinnen

★★★

In der Liegfeistgruppe

Zwischen dem Lechtal und dem Rotlechtal erhebt sich die Liegfeistgruppe, deren bekanntester Gipfel das Galtjoch ist. Allerdings zählt es von der Höhe her weniger zu den Superlativen in diesem Bergstock. Die benachbarte Knittelkarspitze, mit 2376 m deutlich höher und felsiger, wirkt wesentlich stattlicher. Auch sie ist für uns Wanderer, wenn auch mit etwas stärkerem Einsatz, noch durchaus gut zu erreichen. Bleiben wir am Galtjoch, das als leichtes Gipfelziel mit netten Bergwirtschaften wie geschaffen für einen Familienausflug ist. Wir haben es mit einem Grasberg zu tun, der wegen seiner ins Berwangtal vorgeschobenen Lage erstaunlich schöne Ausblicke gewährt. Am schönsten ist die Schau natürlich im Herbst, wenn der Föhn die Bergluft ausgeputzt hat und im Osten klare Aussichten ins Wetterstein mit der markanten Zugspitze freigibt. Übrigens, mit einem bescheidenen Umweg lässt sich auf dieser netten Bergwanderung sogar noch ein zweiter Gipfel besiegen. Es ist dies die knapp 150 Meter niedrigere Abendspitze, die fast am Weg liegt.

KURZINFO

Talort: Berwang, 1342 m. Touristenort und Heimat der höchsten Tiroler Brauerei mit besonders schmackhaftem trübem Weizenbier (Rinnen).

Ausgangspunkt: Rinnen, 1262 m. Busverbindung von Reutte über Berwang.
Gehzeit: 6.10 Stunden.
Höhenunterschied: 1215 m.
Anforderungen: Einfache Bergwanderung.
Einkehr: Ehenbichler Alm, Raatzalm.

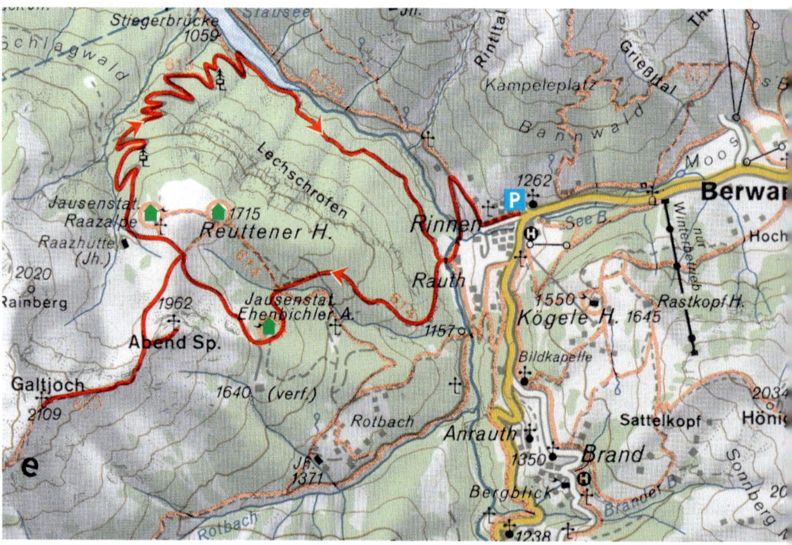

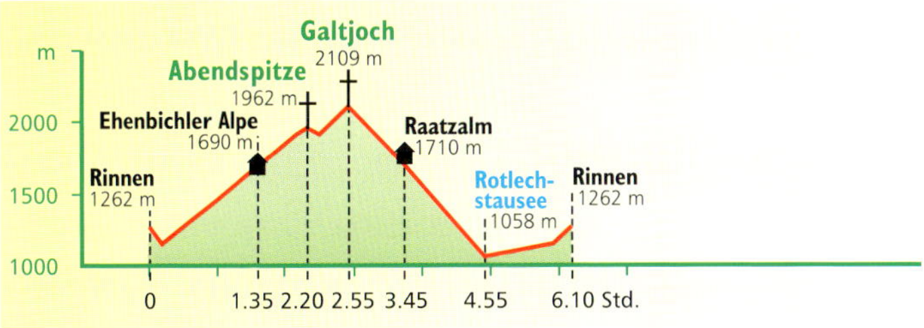

Die Wanderung auf das Galtjoch ist eine jener wenigen Bergtouren, die mit einem Abstieg beginnen. Das ist zwar anfangs recht bequem, doch beim Rückweg eventuell ungemütlich. Also sind wir gut beraten, mit den Kräften hauszuhalten. Wir gehen auf einem schmalen Sträßchen von **Rinnen** erst einmal zum Rotlech hinab und überqueren den kleinen Fluss bei der Säge, um auf dem markierten Wanderweg südwärts zu bummeln, bis die Route nach rechts abschwenkt. Sie steigt anschließend gegen Westen, später Nordwesten, durch lichten Wald und Lichtungen an, bis sich das Weglein bei etwa 1580 m Höhe verzweigt. Dort halten wir uns links und gehen gegen Süden zur Jausenstation **Ehenbichler Alm** (1690 m) weiter. Bei der Almhütte kommen wir auf einen Fahrweg, dem wir gegen Nordwesten folgen. Er bringt uns nördlich der Abendspitze zu einer beschilderten Wegkreuzung. Wir biegen links ab und steigen mühsam bis zur Höhe von 1910 m in den Sattel zwischen Abendspitze und Galtjoch hinauf. Nach links kommen wir in einer Viertelstunde zum Gipfel der **Abendspitze**

Idylle am Galtjoch, rechts hinten lugt der Thaneller hervor.

(1962 m). Nach rechts, also gegen Westen, geht es über den langen, breiten Wiesenrücken zum weiten Gipfel des **Galtjochs** und seinem mächtigen Gipfelkreuz.
Für den Abstieg folgen wir zunächst einmal der Aufstiegsroute. Beim Fahrweg biegen wir aber links ab, gehen an der Jausenstation **Raatzalm** (1710 m) vorbei und auf der Forststraße bis kurz vor den Stausee am Rotlech (1058 m) hinunter. Bei der beschilderten Wegverzweigung halten wir uns rechts und gehen am stillen Ufer des türkisgrünen Stausees nach Südosten. Das schöne Weglein biegt unter den Lechschrofen scharf nach rechts ab und geleitet uns auf mehreren steilen Treppchen zum Wald hinauf. Bei einer Reiße weitet sich der Pfad zu einer breiten Promenade, die uns in Richtung Rauth bringt. Zuletzt fällt der schöne Weg noch einmal ab, bevor wir uns an den Schlussanstieg hinauf nach **Rinnen** machen.

Im Herbst ist die Luft am reinsten, und man sieht vom Galtjoch ungetrübt zu Daniel und Zugspitze.

Thaneller, 2341 m

Über den Südgrat

★★

Auf der Lechtal-Pyramide

Zwischen Bichlbach, Heiterwang, Weißenbach und Berwang ragt eine Bergpyramide in die Höhe, die von allen Seiten auffällt. Sie hebt frei, ohne besonders auffallende Nachbarn, ihr Haupt in den Himmel der Lechtaler Alpen, und nichts und niemand behindert eine Gipfelrundschau, die ihresgleichen sucht. Auf diesen auffallenden Berg, den Thaneller, führen zwei interessante Wege hinauf, und beide erfreuen sich großer Beliebtheit. Schwer tut man sich allerdings, wenn man sie miteinander verbinden möchte und dabei zum Ausgangspunkt zurück will. Deshalb ist hier für Auf- und Abstieg nur jene Route vorgeschlagen, die auf der Südseite über einen langen, aber einfachen Gratrücken hinaufführt. Sie ist eigentlich recht einfach und leicht zu finden. Aber sie ist steil, weshalb man eine gute Kondition braucht. Dafür gewinnen wir schnell an Höhe. Schon beim Aufstieg breitet sich ein imponierendes Panorama aus, das vor allem die Zugspitze beherrscht. Wer am Kreuz die erblickten Gipfel etwas genauer erforscht, wird an Tagen mit besonders reiner Luft weite Teile des Alpenhauptkamms bis zur Glocknergruppe erkennen. Schon dafür lohnt sich die Wanderung.

KURZINFO

Talort: Berwang, 1342 m. Touristenort in malerischer Landschaft.
Ausgangspunkt: Rinnen, 1262 m. Busverbindung von Reutte über Berwang.
Gehzeit: 4.30 Stunden.
Höhenunterschied: 1079 m.
Anforderungen: Unschwierig. Steile Südhänge, deshalb früh aufbrechen.

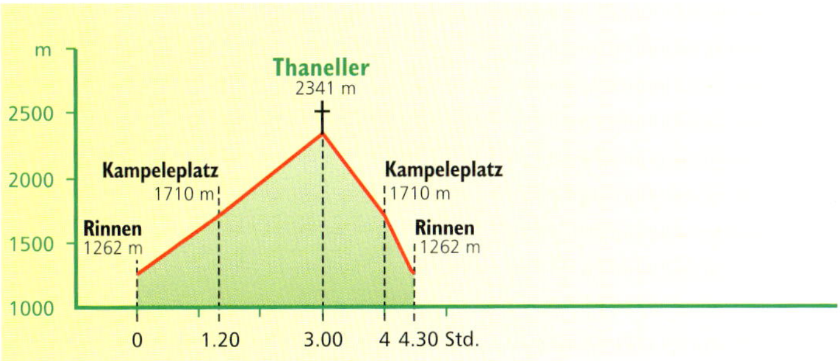

Etwa 150 m östlich von **Rinnen** verlassen wir auf 1280 m die Autostraße bei den Wegtafeln. Der Wanderweg führt nach Norden zu einem Weidegatter, durch eine Mulde hindurch, zu einem weiteren Gatter, kurz gegen Osten und dann wieder gegen Norden durch den Bannwald. Wir mühen uns auf vielen Kehren zum Kampeleplatz (1710 m), wo die Route von Berwang (alternative Anstiegsmöglichkeit) einmündet. Nun steigen wir ein Stück gegen Nordosten auf, halten uns am Weg aber dann links, um gegen Nordwesten zum langen Südgrat hinaufzugehen. Der dichte Wald lichtet sich, und wir kommen in Latschengebüsch. Wie's weiter geht, ist schnell gesagt, denn wir bleiben immer auf dem Gratrücken und gehen durch die vielen steilen Kehren des Wegleins bis zum Gipfelkreuz des **Thaneller**.
Der Abstieg erfolgt entlang der Aufstiegsroute.

In der sonnigen Südflanke des Thanellers. v. 3/4 H.

Hohe Aifnerspitze (Aifenspitze), 2779 m

13

Gipfelüberschreitung

★★★

Vier-Gipfel-Tour am Aifnerweg

Das Kreuzjöchl und die beiden Gipfel der Hohen Aifnerspitze sind die nördlichsten namhaften Berge des Kaunergrats, der sich im Südosten anschließt und es an der Wazespitze auf stattliche 3532 m bringt. Mit zunehmender Höhe der Berge werden die Gipfeltouren am Kaunergrat immer schwieriger. Wir überschreiten auf der vorgestellten Rundtour insgesamt vier Gipfel, und alle sind sie nicht besonders anspruchsvoll. Trotzdem kann es nicht schaden, wenn man Trittsicherheit und Schwindelfreiheit mitbringt, denn an einigen Stellen geht es halt doch ein wenig luftig zu. Beim Übergang von der Hohen Aifnerspitze (oder Aifenspitze) ins Halsl gibt es oberhalb von ungemütlichen Steilabbrüchen sogar eine feste Eisenkette zum Festhalten. Großartig ist übrigens die Gipfelschau, die in die Ötztaler Alpen, hinüber zur Samnaungruppe, in die Mieminger Kette und die Lechtaler Alpen reicht.

KURZINFO

Talort: Piller, 1353 m. Malerischer Bergort auf historischem Boden (interessante Waffenfunde in der Nähe).
Ausgangspunkt: Puschlin, 1516 m. Busverbindung von Imst nach Piller. Von dort gut 5 km.
Gehzeit: 7.40 Stunden.
Höhenunterschied: 1408 m.
Anforderungen: Nicht besonders schwierig, etwas Trittsicherheit und Schwindelfreiheit können nicht schaden. Gute Kondition notwendig.
Einkehr: Jausenstation Aifneralm.

Von der Straßenabzweigung oberhalb des Gasthauses Alpenrose in **Puschlin** folgen wir dem Schottersträßchen, biegen nach etwa 5 Minuten bei der Straßenverzweigung neben den Wegtafeln links ab und kommen bald darauf aus dem Wald heraus. Zwischen einigen Heustadeln gehen wir am Sträßchen zum Gewirr der Hochspannungsleitungen. In Harben (oder Harbe, 1610 m) kommen wir nach einer Viertelstunde Gesamtgehzeit zu einem Weidegatter, und gleich dahinter verzweigt sich die Route. Wir gehen geradeaus weiter in Richtung Aifneralm. Unser Anstiegsweg führt noch ein Stück relativ flach dahin

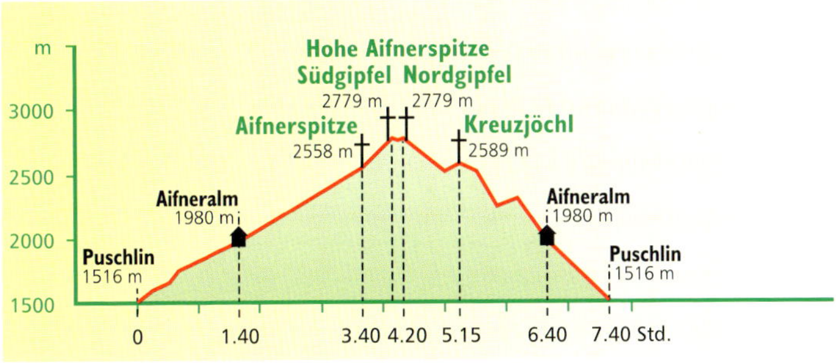

Die Jausenstation Aifneralm.

und verzweigt sich am Waldrand. Dort halten wir uns links, gehen in den Wald hinein und auf einem Bergpfad ein kurzes Stück etwas steiler weiter. Schon bald kommen wir wieder aus dem Wald heraus und durch weite Lichtungen in eine arg nasse Wiese hinein. Wir versuchen, einigermaßen trocken über sie hinwegzukommen, und steigen anschließend im lichten Wald weiter auf. Das Weglein führt leicht ansteigend durch einen malerischen Bergwald dahin, ist stellenweise eben oder sogar leicht abfallend, bis es sich verzweigt. Wir halten uns rechts und folgen einer Fahrspur, die an einem rauschenden Wasserfall endet. Dort hüpfen wir auf Steinen über den Bach und gehen gleich dahinter schräg links hinauf. Nun wird der Anstieg etwas steiler. Nach einer kurzen Waldpassage kommen wir in einen verkrauteten Hang, und das Weglein schwingt sich zum Waldrand hin stattlich auf. Vor dem Görfen Hochmoor knickt die Route am Höhenrücken auf 1760 m rechts ab. Ein mit Wurzelwerk stark durchwachsenes Weglein zieht sich zwischen dem Hochmoor und einem bewaldeten Rücken durch Heidelbeerstauden hindurch. Wir folgen dem schönen, schattigen Waldweg nun ein gutes Stück und queren mehrmals eine Forststraße, bis wir schließlich auf der Fahrspur weitergehen, die sich bald (auf 1780 m) mit einer breiten Almerschließungsstraße vereint. Im Zirbenwald folgen wir dieser Straße, bis wir sie an beschilderter Stelle nach links, gegen Osten, verlassen. Ein breiter Weg bringt uns in schönen, lichten Wald und der **Aifneralm** entgegen. Die letzten Meter zur Jausenstation gehen wir wieder auf der breiten Straße.

Oberhalb der Alm erreichen wir einen Bergpfad, der sich über den von vielen Bächlein durchzogenen Hang hinaufzieht, und kommen auf etwa 2200 m an den obersten, verkrüppelten Wetterzirben vorbei. In angenehmer Steigung, bei der man zwar locker an Höhe gewinnt, aber nicht zu sehr schwitzen muss, steigen wir zu einem Höhenrücken hinauf, wo wir auf 2315 m zu einer beschilderten Wegverzweigung stoßen. Dort steigen wir geradeaus weiter. Die markierte Wegspur bringt uns über den breiten, grünen Höhenrücken nach Südosten hinweg und auf einen steilen, felsigen Aufschwung zu. Wir gehen nun über diesen Felsenrücken, entlang den Markierungszeichen, zur **Aifnerspitze** (2558 m) hinauf und haben das erste Gipfelziel erreicht.

Ein schmaler Bergpfad führt von der Aifnerspitze am Grat nach links, gegen Südosten dahin, in einen Sattel hinein und dann über einen steilen Blockgrat hinauf. Bei etwa 2650 m durchschreiten wir nochmals einen Gratsattel und setzen dann zum Gipfelspurt an. Wieder schwingt sich der Berg steil auf, und die markierte Route führt ins Blockwerk hinein. Es ist recht anstrengend, den üppig angebrachten Markierungszeichen zu folgen, bis wir am riesigen Blech-Gipfelkreuz ankommen. Vom **Südwestgipfel der Hohen Aifnerspitze** steigen wir etwa 5 Minuten durch grobes, aber loses Blockwerk gegen Südosten rund 20 Höhenmeter ab, schwenken in einem Bogen links ab und gehen in einen Gratsattel nordöstlich des ersten Gipfels hinauf. Von dort steigen wir im Blockwerk über den

Der Nordgipfel der Hohen Aifnerspitze.

Gipfelgrat zum zweiten, dem **Nordostgipfel der Hohen Aifnerspitze** hinauf. Beide Gipfel sind gleich hoch.

Beim Abstieg leiten uns die roten Markierungszeichen im Blockwerk im Wesentlichen am Grat gegen Norden abfallend weiter. Dann schwenken sie von der Grathöhe rechts weg und in einen Sattel auf 2715 m. Wir steigen nochmals 10 Meter zu einer Graterhebung auf und folgen anschließend dem Weglein durch das Schrofengelände in Kehren hinab. An eini-

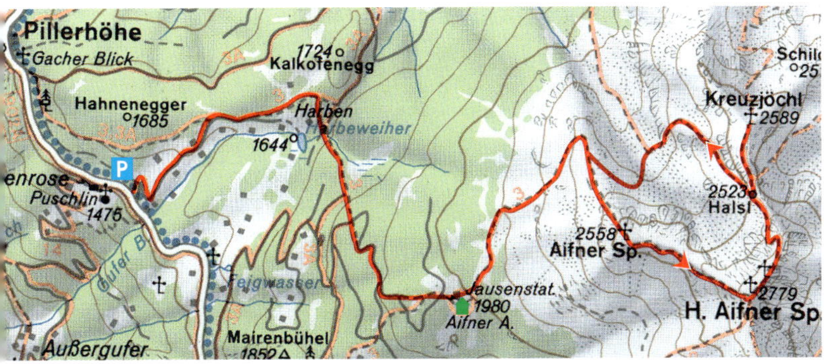

gen Stellen führt es über rutschige Felsen oberhalb von tiefen Abbrüchen dahin und ist deshalb auch auf einer längeren Passage mit einer soliden Eisenkette gesichert. Der Bergpfad bringt uns in das Halsl (2523 m). Aus diesem Sattel steigen wir rechts des Gratrückens gegen Norden wieder auf und erreichen den vierten und letzten Gipfel, das 2589 m hohe **Kreuzjöchl**.
Zurück gehen wir vom Kreuzjöchl entlang der Aufstiegsroute in das Halsl. Im Halsl schwenken wir scharf rechts ab und gehen eine gute Strecke am Bergpfad gegen Nordwesten hinab. Er beschreibt unter dem Kreuzjöchl einen Linksbogen (wer steile Grashänge mag, könnte auch direkt vom Kreuzjöchl dorthin absteigen). Dann bringt er uns in einen Talgrund hinunter, wo er sich auf der Höhe von 2255 m verzweigt. Bei dieser Wegverzweigung halten wir uns links und steigen anfangs gegen Süden, dann in einem Bogen nach rechts und weniger steil, zur Aufstiegsroute hinauf, die wir bei der Wegverzweigung auf 2315 m erreichen. Von dort folgen wir der Aufstiegsroute bis zum Ausgangspunkt in **Puschlin** zurück.

Im Zirbenwald oberhalb der Aifneralm.

Rappenkopf, 2320 m

Über Arzler und Tiefentaler Alm

★

Zu Füßen der Rofelewand

Das Pitztal säumen zwei markante Bergkämme. Den ostwärts gelegenen Geigenkamm krönt die Hohe Geige, die engagierte Bergwanderer trotz ihrer fast 3400 m mit verhältnismäßig bescheidenem Aufwand an einem Tag erreichen können. Auf der Westseite des Tals zieht sich der Kaunergrat hin, dessen Berge um einiges schärfer ausfallen. Der höchste Gipfel ist die Wazespitze, und was die Schönheit angeht, da liegt die scharf geschnittene Rofelewand mit ihr gleichauf. Allerdings ist die Rofelewand mit normalem Aufwand nicht zu erreichen. Für uns Wanderer ist sie also tabu. Uns bleiben die Blicke auf dieses alpine Schmuckstück, und die gibt es nirgendwo schöner als vom Rappenkopf. Unsere Wanderung stellt keine besonderen Anforderungen, außer einer einwandfreien Grundkondition. Die Landschaft in der unmittelbaren Umgebung der Route ist auf weite Strecken nicht gerade berauschend, aber einzigartige Ausblicke auf den Geigenkamm und zur besonders markanten Rofelewand entschädigen dafür. Unsere Tour ist für Kinder gut geeignet, und es gibt gleich zwei Einkehrmöglichkeiten, die man sich nicht entgehen lassen sollte.

KURZINFO

Talort: St. Leonhard im Pitztal, 1366 m. Talort für zahlreiche Berg- und Hochtouren.
Ausgangspunkt: Piösmes, 1391 m. Busverbindung von Imst über St. Leonhard.
Gehzeit: 5.00 Stunden.
Höhenunterschied: 949 m.
Anforderungen: Einfache Wanderung.
Einkehr: Arzler Alpl, Tiefentaler Alm.

In **Piösmes** führt eine Brücke über die Pitze zu einem Schottersträßchen auf der Westseite des Wildbaches. Dieses Sträßchen wird von Wallfahrern benutzt, die zur Kirche »Maria am Bichele« pilgern, das 10 Minuten unterhalb der Brücke zu erreichen ist. Wir sollten für unser Seelenheil erst nach der Tour sorgen, sonst reicht die Zeit nicht. Also steuern wir auf den schmalen Bergpfad gleich hinter der Brücke zu. Er ist mit roten und blauen Farbpunkten markiert und schlängelt

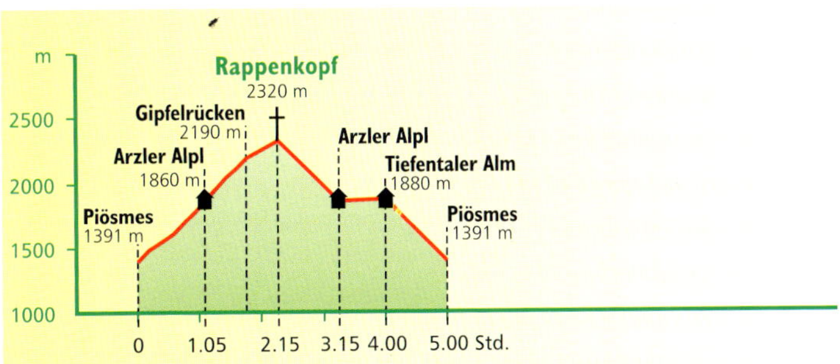

sich im Wald steil hinauf. Schon bald quert er einen Fahrweg, und mühsam müssen wir uns den Berg hinaufplagen, vor allem, wenn wir zu spät aufgebrochen sind und mit der Hitze im Osthang zu kämpfen haben. Immer wieder bietet uns das Weglein ein paar Ausblicke ins Pitztal hinunter. Nach 10 Minuten Aufstiegszeit queren wir einen Forstweg, und nach weiteren 25 Minuten kommen wir zum dritten Mal auf eine Fahrstraße. Wir biegen links ab und folgen dem Sträßchen in Richtung Arzler Alm (Wegweiser), gehen eine Straßenkehre aus, und nach wenigen Minuten erreichen wir wieder einen schmalen, aber guten Bergweg, der an beschilderter Stelle nach links (gegen Westen) abzweigt. Auf der Höhe von rund 1750 m bringt uns der Pfad durch eine weite Lichtung und dann wieder in schütteren Wald, bis wir das **Arzler Alpl** (1860 m) erreichen.

Ausblick zur Rofelewand.

Von der Jausenstation folgen wir einer Fahrspur gegen Süden, also links, den Hang entlang. Sie wird, besonders während der Schneeschmelze, von einigen Bachläufen überflossen und gibt interessante Ausblicke auf den Geigenkamm und steil ins Pitztal hinunter frei. So schlängelt sie sich ein wenig dahin, und 10 Minuten oberhalb der Alm zweigt nach rechts (gegen Westen) der Weg zum Kreuzjoch (Roßkopf) ab. Wir bleiben am Fahrweg und verlassen diesen erst bei der beschilderten Verzweigung in Richtung Rappenkopf. Nun haben wir die eindrucksvolle Rofelewand vor Augen. Fotografen werden um Geduld gebeten, die Blicke werden weiter oben noch interessanter. Wir folgen nun der groben Fahrspur etwa 10 Minuten lang und verlassen diese an deutlich markierter Stelle nach rechts. Nach weiteren 10 Minuten kommen wir zu einem breiten Rücken. Dort stehen ein Steinmann und ein paar Wegtafeln, und wir halten uns wieder rechts. Die folgende Trittspur ist relativ schmal, aber gut markiert, nicht zu steil und deshalb angenehm zu begehen. Wir bleiben auf diesem Pfad, bis wir am Kreuz und gleich darauf am etwas höheren, weitläufigen Gipfel des **Rappenkopfs** ankommen. Die Gipfelhochfläche bricht auf drei Seiten, vor allem aber nach Südwesten enorm ab, und wer einen Blick über die Abstürze hinunter wagen will, der muss schon ordentlich schwindelfrei sein.

Vom Gipfel steigen wir bis zum **Arzler Alpl** entlang der Aufstiegsroute ab. Doch zweigen wir bei der Jausenstation nicht rechts ab, um am Aufstiegsweg nach Piösmes hinunterzugehen, sondern folgen dem Fahrweg gegen Nordwesten. In der

Angenehme Einkehr in der Tiefentaler Alm.

ersten scharfen Rechtskehre der Straße gehen wir geradeaus auf einem Jägersteig weiter. Dieser Weg ist zur Tiefentaler Alm markiert, bringt uns anfangs ein beachtliches Stück bergauf und in ein wildes Bergsturzgebiet hinein. Zwischen den groben Sturzblöcken steigen wir mitten im Wald dem deutlich markierten Weg entlang und kommen, zuletzt abwärts, zur idyllisch gelegenen Jausenstation **Tiefentaler Alm** (1880 m).

Das Tiefental ist nun doch noch ein Fleckchen mit eindrucksvoller Landschaft. Vor allem die Schau zur Rofelewand und zum Gsallkopf hinauf wird jeden Bergfreund begeistern. Nach der Jause in oder vor der schönen Alm gehen wir auf der schmalen Straße gegen Norden talwärts. Der Fahrweg beschreibt einen scharfen Rechtsbogen und quert bei einem Wasserfall den Pfitschebach. Wir folgen in vielen Kehren dem Straßenverlauf nach Osten, später Südosten, bis wir wieder am Ausgangspunkt in **Piösmes** ankommen.

Etwa eine halbe Stunde oberhalb von Piösmes gibt es an beschilderter Stelle eine Abzweigemöglichkeit zur Wallfahrtskirche.

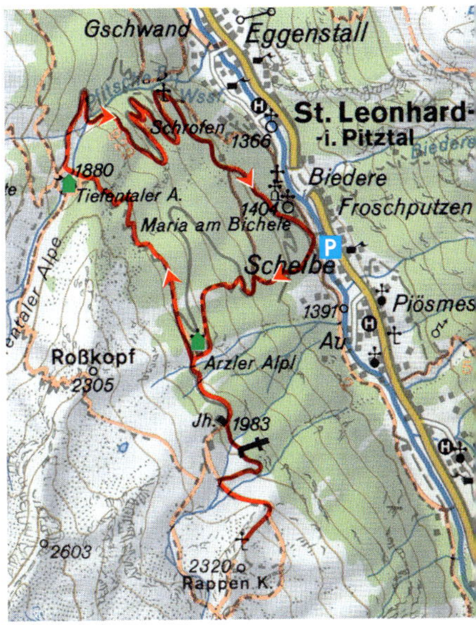

15 Fundusfeiler, 3079 m

Aus dem Ötztal über die Frischmannhütte ★

Bergzauber am Geigenkamm

Zwischen dem Ötztal und dem Pitztal zieht sich der Geigenkamm hin, der von etlichen Dreitausendern gekrönt ist. Der nördlichste in dieser Reihe ist der Fundusfeiler. Diesem hehren Gipfelziel ist leider nur ein kleines Gletscherchen gegönnt. Auf der Seite, auf der wir ihn besteigen wollen, fehlt ihm – von einigen unbedeutenden Firnrinnen abgesehen – sogar jeglicher Schnee- und Eisschmuck. Das macht ihn für das Auge zwar weniger attraktiv, aber umso mehr für den Wanderer. Dunkles, kristallines Gestein (Bergler sagen »Urgestein«) verleiht ihm ein eher bedrückendes Aussehen, und es lässt beide Routen, trotz der beachtlichen Höhe von über 3000 Meter, nicht gerade schwierig werden. Es gibt nämlich – außer der vorgestellten Route über die Frischmannhütte – noch einen, ebenfalls unproblematischen, Aufstieg. Er kommt aus dem Pitztal über das Lehnerjochhaus herauf. Erst in der Feilerscharte vereinen sich die beiden Varianten. Unter der Feilerscharte und am Gipfel-Blockgrat braucht man ein wenig Trittsicherheit. Viel wichtiger ist eine ausgezeichnete Kondition, vor allem, wenn die Tour nur einen Tag dauern soll. Der Weg ist weit, und es ist ein beachtlicher Höhenunterschied zu überwinden. Empfehlenswert ist eine Übernachtung auf der Frischmannhütte.

Die Frischmannhütte am Fuße des Fundusfeilers.

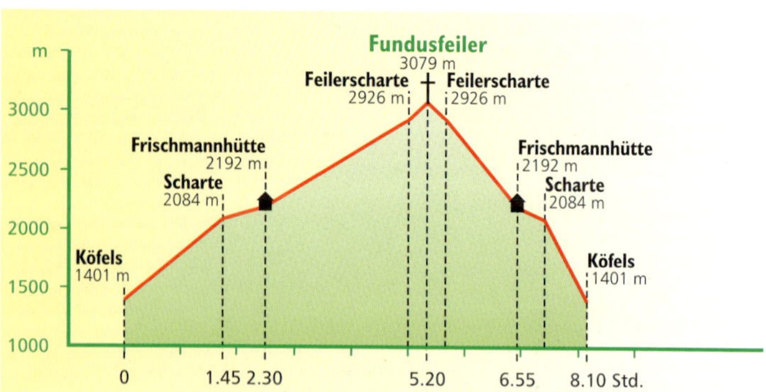

KURZINFO

Talort: Umhausen im Ötztal, 1031 m. Fremdenverkehrs- und Bergsteigerort mit umfassendem Alpin-Angebot (Wandern, Skitouren, Klettern, Mountainbiken). Busverbindung von Imst.
Ausgangspunkt: Köfels, 1401 m. Zum kleinen Bergdorf Köfels führt eine gute Straße. Am Ortsrand gibt es einen Parkplatz. Busverbindung von Imst über Ötztal Bahnhof und Umhausen bis zur Abzweigung der Straße. Von dort 400 Hm.
Gehzeit: 8.10 Stunden.
Höhenunterschied: 1678 m.
Anforderungen: Einfache Hochtour (ohne Gletscherbegehung).
Einkehr: Frischmannhütte.

Im oberen Fundustal unter dem Plattigkogel.

Vom Parkplatz am Ortsrand von **Köfels** erreichen wir die Fahrstraße neben einer Hütte, gehen nach links und zweigen bei der ersten Gabelung rechts ab. Der Weg bringt uns zwischen Stubenwald und Greitwald hinauf in Weidewiesen und knickt gegen Norden ab. Wir gehen geradeaus, gegen Westen, auf einer schmalen Trittspur durch eine Lichtung hinauf und queren mehrmals ein Sträßchen auf dem Pfad, der sich steil bis zur Scharte (oder »Schartl«) hinaufschlängelt. Diese liegt auf 2084 m, an der tiefsten Stelle zwischen der Hohen Seite und dem Wenderkopf. Von dort sehen wir erstmals zu unserem Gipfelziel. Doch sollten wir uns hier mehr auf die Route konzentrieren, denn diese

erfordert volle Aufmerksamkeit. Sie führt über Felsenblöcke, die wir am besten hüpfend überwinden, bis wir wieder ein schönes Weglein vorfinden. Es steigt im oberen Fundustal durch idyllischen Zirbenwald gegen Süden leicht an, schwenkt nach Westen und stößt auf die **Frischmannhütte** des Österreichischen Touristenklubs. Wer die Tour auf zwei Tage verteilt, übernachtet auf 2192 m.

Vom Berghaus steigen wir gegen Westen ins Funduskar, wo die Hänge steiler werden. Der Bergpfad schwenkt nach rechts, also Norden, in den Graben des Fundusbachs. Den überqueren wir und gehen zu einer Rippe hinauf. Dort weisen uns die Markierungen über Felsgelände (einige Sicherungsgriffe) nach Norden. Unter den dunklen Lehner Grieskögeln kommen wir in ein (unproblematisches) Schneefeld. Über den Firn steigen wir geradewegs in die Feilerscharte (2926 m) und halten uns rechts (gegen Osten) auf den breiten Gipfelgrat zu. Erst bleiben wir rechts der Grathöhe, dann peilen wir ihren Scheitel an, über den wir zum Gipfel des **Fundusfeilers** aufsteigen.

Der Abstieg erfolgt entlang der Aufstiegsroute.

Vorsicht! Manche Schneefelder am Fundusfeiler brechen in felsige Steilhänge ab.

Hohe Geige, 3395 m

Aus dem Pitztal

★★★

Auf der Geige

Zwischen dem Pitztal und dem Ötztal zieht sich von Norden nach Süden der Geigenkamm, und in ihm spielt die Hohe Geige, höchster Gipfel und Namensgeber, die erste Geige. Interessant ist, dass die Berge in diesem Kamm weitaus einfacher zu erreichen sind als die im benachbarten Kaunergrat. Selbst unser von drei Gletschern umgebener Gipfel geht mit seiner beachtlichen Höhe noch als »Wandergipfel« durch, obwohl wir unmittelbar unter dem Gipfel auf einen Gletscher kommen werden. Dieser ist allerdings so harmlos, dass wir uns für ihn bei normalen Bedingungen nicht einmal besonders ausrüsten müssen. Ein wenig Trittsicherheit und Schwindelfreiheit sollten wir allerdings mitbringen, denn etwas luftig, aber nicht extra ausgesetzt, geht es an der Geige bisweilen zu. Wer gut auf den Beinen ist, eine ordentliche Kondition mitbringt und an die dünne Luft der Höhe gewöhnt ist, kann diesen stolzen Dreitausender sogar an einem einzigen Tag bewältigen, hinauf und retour versteht sich. Wem es nicht so pressiert, dem sei allerdings empfohlen, in der Chemnitzer Hütte zu übernachten, dann bleibt für einen gemütlichen Hüttenzauber und den einen oder anderen Blick in die Bergwelt beim Auf- und Abstieg Zeit. Weniger attraktiv sind die Blicke auf den Berg selber. Der wirkt halt ein bisserl trist, wie dies in den Zentralalpen, die aus »Urgestein« bestehen, oft der Fall ist. Dafür sind die Ausblicke eine Klasse für sich. Neben den riesigen Fels- und Eisgestalten der Ötztaler Alpen sieht man an klaren Tagen sogar bis in die Ortlergruppe hinaus.

KURZINFO

Talort: Plangeroß, 1612 m. Unbedeutendes Bergdorf im Pitztal.
Ausgangspunkt: Parkplatz am Kitzlesbach, 1625 m. Busverbindung von Imst.
Gehzeit: 6.45 Stunden.
Höhenunterschied: 1770 m.
Anforderungen: Einwandfreie Kondition und etwas Trittsicherheit und Schwindelfreiheit. Vorsichtshalber Steigeisen oder Grödl mitnehmen.
Einkehr: Chemnitzer Hütte.

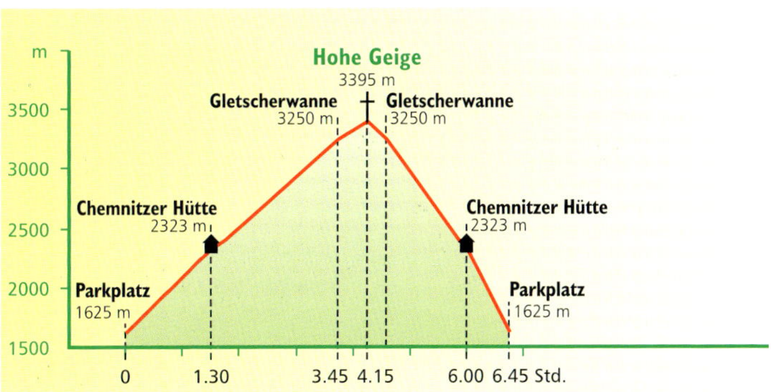

Vom Parkplatz in **Plangeroß** verläuft ein markierter Wanderweg auf der nördlichen Seite des wilden Kitzlesbaches, am Ebnetkopf vorbei und relativ steil, zur **Chemnitzer Hütte** (2323 m).

Nach der Einkehr (oder Übernachtung) gehen wir das Weglein über Blockwerk kurz nach Süden, auf den mächtigen Puitkogel zu, an den Rand des Weißmaurachkars. Bald schwenken wir nach links und steigen gegen Osten, am Hubschrauber-Landeplatz vorbei, zum Mainzer Höhenweg. Bei der Routenverzweigung auf 2400 m bleiben wir am Kitzlesbach, also geradeaus gegen Osten. Bald zweigt links der Rüsselsheimer Weg ab, der Kapuziner-Joch und Luibiskogel anpeilt.

Gipfelrundschau über den kleinen Gletscher an der Hohen Geige auf eisgekrönte Gipfelhäupter der Ötztaler Alpen.

Wieder halten wir uns geradeaus, der Blick richtet sich auf den dunklen, gewaltigen Ampferkogel. Unsere Route verläuft im ausgedehnten Talboden nach Nordosten, schwenkt bei 2750 m nach links (Norden) und steuert auf die Silberschneide zu. Auf einem Höhenrücken steigen wir nun recht steil hinauf in die Schrofen, wo die Markierungen etwas schlecht zu sehen sind. Wir müssen also aufpassen, dass wir uns nicht versteigen. Der warme Sonnenhang wird unangenehm steil, und das lose Geröll macht den Aufstieg nicht leichter, bis wir auf 3250 m auf eine Gletscherwanne mit kleinem Eissee treffen. Dort kommt es auf die Verhältnisse an. Wir können den kleinen Gletscher gegen Nordosten queren oder in weitem Bogen um den Firn zur markierten Route gehen, die auf den Gipfelgrat und dann zum Gipfelkreuz der **Hohen Geige** hinaufführt. Wenn das letzte Stück vereist ist, Steigeisen anlegen. Der Abstieg erfolgt entlang der Aufstiegsroute.

Gleich gegenüber der Hohen Geige: die markante Wazespitze.

17 Kreuzspitze, 3455 m

Von Südosten

★★

Auf Samoar

Die Berge rund um das Martin-Busch-Haus sind für Hochtourenspezialisten wie geschaffen. Der Similaun, die Hintere Schwärze und die Fineilspitze sind die bekanntesten Glanzlichter in diesem Gletscherdorado. Für den Wanderer, der abseits von Gletscherspalten auf markierten Pfaden auf die Berge steigen möchte, bleibt nicht viel übrig. Zu hoch und deshalb auch zu »alpin« sind diese Bergeshöhen. Zwei Ausnahmen finden wir im Kammverlauf westlich des Martin-Busch-Hauses. Eine davon ist die Kreuzspitze, die zwar eine stattliche Höhe aufweist, aber von der Hütte aus mit relativ bescheidenem Aufwand zu erreichen ist. Von einer harmlosen Firnschneide oberhalb des Rotkarferners abgesehen kommen wir nicht aufs Gletschereis, und deshalb können wir auf Seil und Pickel verzichten. Nur Steigeisen sollten wir vorsichtshalber einpacken für den Fall, dass der Firn vereist ist. Im lang gezogenen Bergkamm nördlich des Hauslabjochs, in dessen Nähe der berühmte »Ötzi« gefunden wurde, ist die Kreuzspitze der höchste Gipfel. Er reckt sein Haupt direkt oberhalb des Martin-Busch-Hauses in den Tiroler Berghimmel. Deshalb missbrauchen ihn viele Hochtouristen, die hier mit ihrer Ötztaler-Traverse beginnen, als »Eingehtour«. Die Kreuzspitze ist viel mehr! Sie ist ein Aussichtsberg der Extraklasse, der großartige Ausblicke auf das Herz der Ötztaler Gletscherwelt gewährt.

Zum Gedächtnis an den Gletscherpfarrer Franz Senn: das Gipfelkreuz auf der Kreuzspitze.

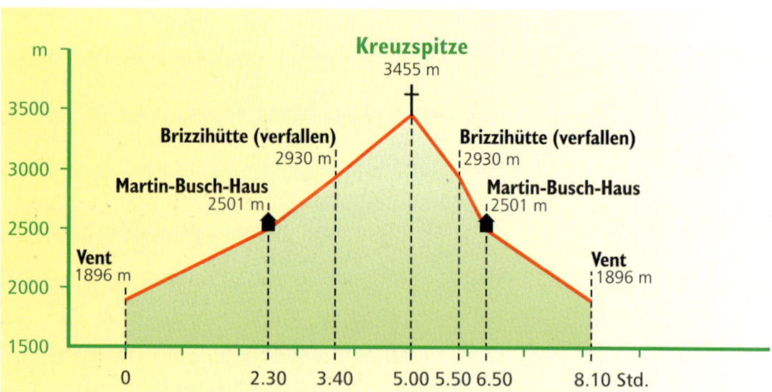

KURZINFO

Talort: Vent, 1896 m, Heimatdorf des Gletscherpfarrers Franz Senn, heute Touristenort.
Ausgangspunkt: Vent, 1896 m. Busverbindung von Sölden. Busverbindung von Imst über Ötztal Bahnhof und Umhausen nach Sölden.
Gehzeit: 8.10 Stunden.
Höhenunterschied: 1559 m.
Anforderungen: Höhengewöhnung notwendig.
Einkehr: Martin-Busch-Haus.

Firnschneide unter dem Gipfel.

Von **Vent** gehen wir auf der schmalen, enorm langen Fahrstraße, hoch oberhalb des Niedertalbachs, zum **Martin-Busch-Haus** (2501 m). Im stattlichen Berghaus sollten wir übernachten, sonst wird die Tour zu lang. Allein für jemanden mit Bären-Kondition dauert die ganze Tour nur einen Tag.

Vom Unterkunftshaus steigen wir steil auf markierter Route gegen Nordwesten hinauf, an der alten Samoarhütte vorbei, in vielen Kehren durch den Steilhang »Auf den Sömen«. Etwa eine Stunde oberhalb des Martin-Busch-Hauses flacht das Gelände ab. Das Weglein bringt uns an der verfallenen Brizzi-

Samoarsee mit Diemkogel und Schalfkogel.

hütte (2930 m) und dem malerischen Samoarsee vorbei, wendet sich nach Norden und schwingt sich auf. Nach einem Wegknick kommen wir – nun wieder gegen Nordwesten – in Blockwerk und auf eine Firnschneide. Im Prinzip recht harmlos, erfordert sie in vereistem Zustand entsprechende Vorsichtsmaßnahmen. Wer auf Nummer sicher gehen will, legt Steigeisen an. Im Firn gehen wir auf den Gipfelgrat zu und über ihn zum Kreuz, das anlässlich des 100. Todestages des Gletscherpfarrers Franz Senn auf der **Kreuzspitze** aufgestellt wurde. Der Abstieg erfolgt entlang der Aufstiegsroute.

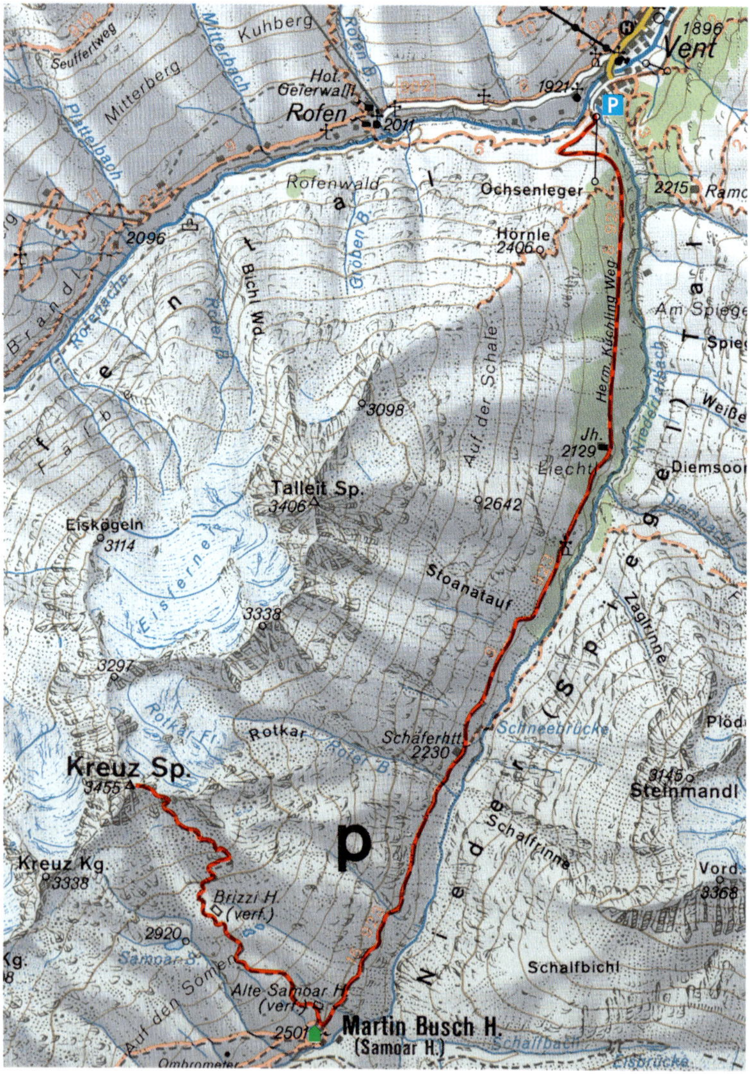

Tschirgant, 2370 m

Gipfelrunde über Karrösten

★★

Am Tschirgant

Wenn am Vorabend des Herz-Jesu-Sonntags die Berge mit Feuern und Fackeln geschmückt werden, dann geben sich die einheimischen Burschen am Tschirgant besondere Mühe, ihren Berg zu beleuchten. Über den Bergkamm zieht sich eine lange Lichterkette, und an der steilen Bergflanke über Karrösten leuchten ein Rosenkranz, ein Kreuz und ein Kelch. Dreißig Bergsteiger bereiten dieses Lichterwerk vor, und wenn sie in der Dämmerung die Feuer entzünden, dann schießen sie Leuchtraketen und Feuerwerkskörper ab. In der Dunkelheit steigen sie mit Taschen- und Stirnlampen wieder ab, was in den steilen Hängen nicht ungefährlich ist, vor allem, wenn auch der Alkohol im Spiel ist. Dafür werden sie vom Bürgermeister zum Essen eingeladen.

Der Tschirgant ist ein lang gezogener Bergstock, der hoch oberhalb der Stadt Imst das tiefe Inntal überragt. Er stellt ein beliebtes und ausgesprochen lohnendes Wanderziel dar. Die Schau in die Ötztaler und Stubaier Alpen hinüber und in die Mieminger Gruppe hinaus ist beeindruckend, ebenso die Tiefblicke auf das Inntal und das Gurgltal. Die Tour ist landschaftlich schön, aber lang und deshalb anstrengend. Am Gipfelgrat, vor allem aber beim geschilderten Abstieg, sind Trittsicherheit und Schwindelfreiheit erforderlich. Für das Forststraßengewirr beim Abstieg braucht man auch etwas Orientierungssinn. Spannend sind die vielen Reißen im Bergsturzgebiet des Eibentals beim Abstieg. In zwei dieser Rinnen gibt es Drahtseilsicherungen.

KURZINFO

Talort: Karrösten, 921 m. Malerisch über dem Inntal gelegener Bergort mit schöner Aussicht.
Ausgangspunkt: Waldparkplatz, 1050 m. Busverbindung von Imst nach Karrösten. Von dort 1 km.
Gehzeit: 7.10 Stunden.
Höhenunterschied: 1320 m.
Anforderungen: Gute Kondition, Schwindelfreiheit und für den Abstieg auch Trittsicherheit. Außerdem große Ausdauer.
Einkehr: Karröster Alm, Karrer Alm.

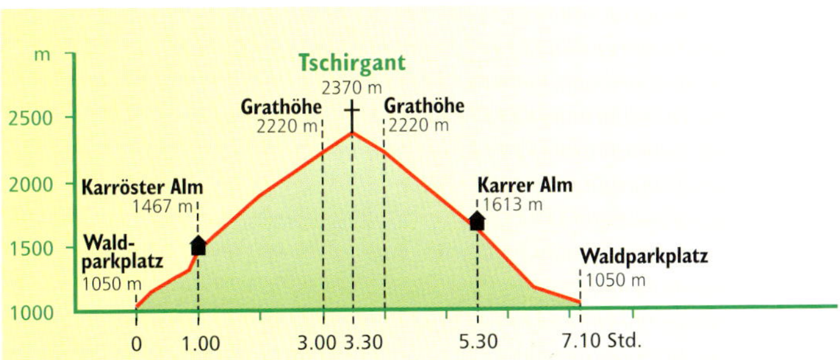

Vom Waldparkplatz bei **Karrösten** steigen wir neben der Fahrstraße auf dem alten Wanderweg auf, überschreiten in 1150 m Höhe die Straße und gehen oberhalb des Fahrwegs weiter. Der schöne Waldweg quert auf 1240 m einen Weidezaun und führt gleich darauf an einem alten Bergwerksstollen vorbei. Bald danach kommen wir zum Rastplatz (1310 m) mit Ruhebänken und einem frischen Brunnen. Wer dort schon »schwächelt«, sollte sich gut überlegen, ob er wirklich den Tschirgant haben möchte. Vielleicht genügt ihm ein Besuch auf der Karröster Alm. Das wäre ja auch nicht schlecht.

Wieder kreuzen wir ein Sträßchen, und erst kurz unter der **Karröster Alm** (1467 m) treten wir aus dem Wald heraus. In einer weiten Lichtung steht die schmucke Jausenstation und lockt zu einem gemütlichen Aufenthalt.

Nach der Pause und der Jause steigen wir durch die Lichtung weiter auf, queren wieder einen Fahrweg und kommen danach in lichten Wald. Durch den führt der Bergpfad mäßig steigend zu einer Lichtung, wo er links abschwenkt. Wir wandern über die Lichtung schräg zu einer Forststraße hinauf und überqueren sie. Anschließend gehen wir nach rechts (gegen Osten) in den Wald hinein. Unser Bergpfad schwingt sich dort sehr steil auf und durchschneidet eine schmale, felsige Lawinenbahn. Zwischen Latschenbüschen und Alpenrosenstauden legt er sich ein wenig zurück. Das schöne Weglein läuft danach sogar eben dahin, was zum Erholen

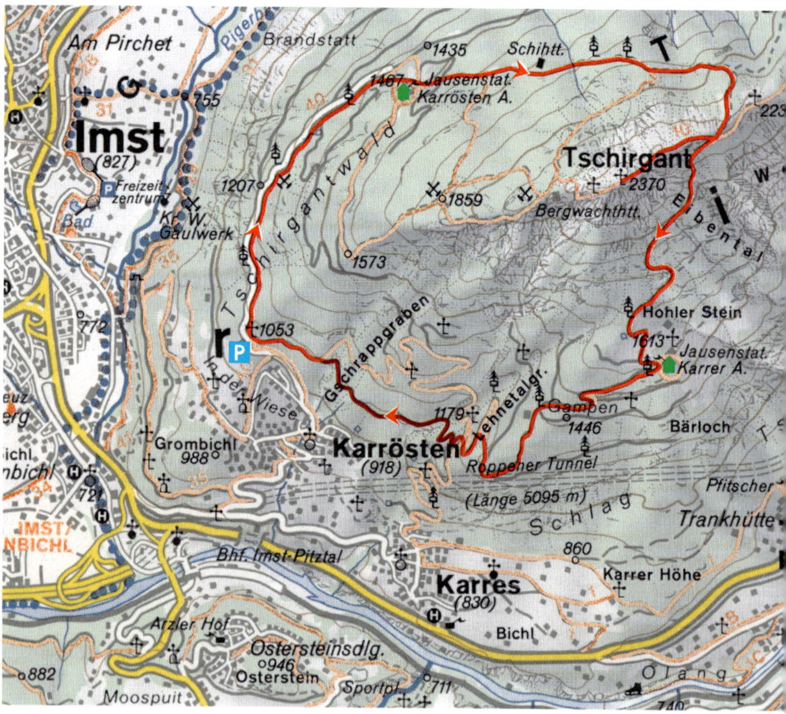

gerade recht ist. Es bringt uns durch eine steile Reiße und noch ein Stück eben weiter, ehe es sich wieder aufschwingt.
Auf 1885 m zweigt nach rechts ein Pfad zur Bergwachthütte ab. Von dort könnten wir (ziemlich steil und felsig) zum Tschirgant aufsteigen. Wir jedoch wählen den gemütlicheren Aufstieg geradeaus. Dieser Steig führt eben dahin und quert kurz hintereinander drei schmale Lawinentobel. Dort kann bis in den Hochsommer hinein fest gepresster Lawinenschnee liegen.
Auf ein kurzes Stück wird das Weglein wieder enorm steil, flacht in einer Lichtung auf 1965 m ab und steigt dann mäßig an. Ab etwa 2000 m Höhe tritt der Wald immer mehr zurück, und freie Ausblicke ins Gurgltal öffnen sich. Der Bergpfad knickt auf der Höhe von 2040 m scharf rechts ab. Von dort sehen wir erstmals zum Gipfelkreuz hinauf. Anschließend schwingt sich der Anstieg wieder sehr steil auf. Mühsam plagen wir uns zwischen Latschen zu einem Gratsattel (2220 m) empor, wo wir etwas verschnaufen dürfen. Von dort käme man in etwa 10 Minuten zum Kreuz der Weißwand (2232 m) hinüber – vielleicht heben wir uns diesen Abstecher für den Rückweg auf.
Zum Tschirgant gehen wir rechts zur beschilderten Routenverzweigung und zum Nordostgrat. Er zieht an einem schmiedeeisernen Gedenkkreuz vorbei immer auf der rechten, der nordwestlichen Seite des scharfen Grats dahin, zwischendurch über Felsen, meist aber durch feinen Grieß. Wir sollten sauber und vorsichtig auf diesem ausgesetzten Steiglein gehen. Oberhalb von sehr steilen und breiten Geröllhängen führt der schmale Pfad an einigen

Der Übergang vom Gipfel zum Kreuz am Tschirgant.

Felsenköpfen vorbei zum Kreuz, von dem es nur ein paar Meter (leicht) zum höchsten Punkt des **Tschirgants** sind.
Am einfachsten ist es, entlang der Aufstiegsroute abzusteigen. Wer unbedingt eine andere Route wählen und in der Karrer Alm einkehren möchte, kann vom Sattel (2220 m) zwischen dem Gipfelgrat und der Weißwand im Eibental absteigen. Dieses Weglein ist enorm steil und führt durch insgesamt neun Reißen (Bergsturzgebiet!). Bei der vierten und der achten Reiße ist das Weglein mit Drahtseilen gesichert. Wer mitzählt, muss beachten, dass der Weg die achte Reiße dreimal schneidet. Schon oberhalb der Jausenstation **Karrer Alm** erreicht diese Route eine Fahrspur, die ab der Alm (1613 m) als breite Straße ausgebaut ist. Auf ihr steigt man bis in

den Lehnetalgraben ab. Auf 1165 m Höhe, 20 Minuten unterhalb des Kreuzes der Schützenkompanie, verlassen wir die breite Straße nach rechts auf einer Fahrspur. Wenig benutzt und deshalb etwas zugewachsen quert sie zwei Gräben und endet an einem Hochsitz. Dort gehen wir auf einem Jägersteig im Wald bergab, und schon nach knapp 10 Minuten kommen wir wieder auf eine Fahrspur von rechts, die in ein Sträßchen übergeht. Der steile Fahrweg erreicht knapp oberhalb des Ausgangspunkts die Straße zur Karröster Alm. Auf ihr gehen wir zum Parkplatz bei **Karrösten** zurück.

Nur für Schwindelfreie: der Gipfel-Tiefblick vom Tschirgant in das Inntal.

Wankspitze, 2209 m

Über das Lehnberghaus

★★★

Im Banne der Mieminger Kette

Wer die Mieminger Kette kennt, weiß, dass er es mit schroffen Kalkwänden und steilen Geröllreißen, kurzum anspruchsvollen Bergen zu tun bekommt. Bis auf ein paar Ausnahmen. So ein Sonderfall ist die Wankspitze. Und was für einer! Zu ihr hinauf gibt es einen beliebten und sonnigen Weg, bis zum letzten Meter absolut harmlos. Wir finden zweitens einen Steig, auf dem man eine gewaltige Portion Mut braucht. Also ist die Wankspitze ein Gipfel für (fast) alle Geschmäcker. Dass wir auch noch ein gemütliches Wirtshaus, das Lehnberghaus, am Weg entdecken, ist bei so viel alpinem Spaßangebot eigentlich schon fast eine Selbstverständlichkeit. Obendrein bildet dieser schöne Berg – wie nicht anders zu erwarten – eine Aussichtswarte von hohem Niveau, und das nicht erst am Gipfel. Von den Fernblicken in die Stubaier, Ötztaler und Zillertaler Alpen abgesehen, sind die Ausblicke vor allem auf die Felsengipfel interessant, die der Wankspitze unmittelbar vorgelagert sind. Dabei handelt es sich zum Teil um Berggestalten, die man kaum kennt. Es sind dies die Östlichen und Westlichen Griesspitzen und die Mitterspitze. Namhafte Gipfel der Mieminger Kette, wie der Grünstein, die Marienbergspitze und der Wannig, halten sich natürlich auch nicht verborgen und zeigen sich von ihren sonnigsten Seiten. Erstaunlich ist, dass die Wankspitze allgemein wenig bekannt ist. Nur bei Einheimischen, die in Scharen kommen, hat sie einen guten Ruf.

Gemütliche Gipfelrast auf der Wankspitze, unten das Inntal.

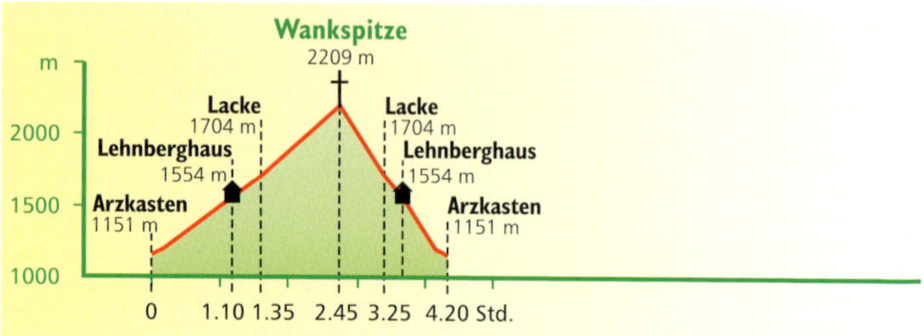

KURZINFO

Talort: Obsteig, 991 m. Keltische Siedlung, die vielleicht schon früher bestand und auf den Waffenbau zurückgeht.
Ausgangspunkt: Arzkasten, 1151 m. Busverbindung von Innsbruck und Nassereith nach Holzleiten. Von dort knapp 2 km.
Gehzeit: 4.20 Stunden.
Höhenunterschied: 1058 m.
Anforderungen: Leicht, Klettersteigalternative sehr anspruchsvoll, mit recht »zackigem« Einstieg.
Einkehr: Lehnberghaus.

Angenehme Einkehr und Unterkunft gibt es ganzjährig im Lehnberghaus.

Bei schönem Wetter sollten wir nicht erst mittags ankommen, sonst ist der Parkplatz neben dem Gasthaus in **Arzkasten** überbelegt. Außerdem nutzt unser Anstieg den Südhang, und dort wird es bekanntlich im Sommer oft arg heiß. Also ziehen wir die Wanderstiefel noch im Frühtau an und gehen »zu Berge«.

Zuerst folgen wir einem Sträßchen gegen Westen sanft hinauf zum Waldrand. Dort schwenkt die schmale Straße nach rechts, führt in den dunklen Wald und verzweigt sich. Hier halten wir uns links, auf die schmale Fahrspur zu (Schild »Bachweg«), die gegen Nordosten zum Lehnberg ansteigt. Von dieser zweigt der Wanderweg am Bach nach rechts (gegen Osten) ab. Anschließend führt die Route an einer Jagdhütte vorbei und bald darauf zum **Lehnberghaus** (1554 m).

Oberhalb der beliebten Ausflugsgaststätte steigen wir durch eine breite Lichtung gegen Osten auf und schwenken nach rechts, um durch lichten Wald zum Aussichtspunkt »Lacke« (1704 m) zu stoßen. Spätestens dort sollten wir in einer kleinen Pause die Tiefblicke ins Inntal wirken lassen. Pressieren sollte es bei so viel Schönheit ohnehin nicht.

Nach der Rast biegen wir links ab, um auf dem Weglein gegen Nordosten über die breite Hangkante

aufzusteigen. Der Wald lichtet sich immer mehr, und ab etwa 1850 m steigen wir in den Latschen auf. Oben sehen wir schon zur breiten Graskalotte der Wankspitze und zum Gipfelkreuz. In derselben Richtung kommen wir zum breiten Sattel zwischen der Wankspitze und einem Vorgipfel. Dort halten wir uns links gegen den Grasgrat und nordwestlich zum Gipfelkreuz der **Wankspitze** hin. Eine eindrucksvolle Felslandschaft empfängt uns. Vom Gipfel bricht der Berg in schroffigen Felsen von riesigen Ausmaßen ab, und dort führt ein teilweise gesicherter Steig hinab.

Der Abstieg erfolgt auf der Aufstiegsroute. Wer viel Mut hat, kann auf dem anspruchsvollen Klettersteig in die »Hölle« absteigen und dann gegen Süden zum Lehnberghaus zurückgehen. Doch braucht man für diesen ausgesetzten, riskanten Abstieg absolute Trittsicherheit, Schwindelfreiheit und Klettersteigerfahrung, sonst wird dieses Spiel zu gefährlich.

Stimmungsvolle Route an der Wankspitze, hinten Sellrainer und Ötztaler Berge.

20

Tauern, 1841 m

Über den Zunterkopf

★★

Zum einsamen Tauerngipfel

Über dem Heiterwanger See, in der Nähe des lang gezogenen Plansees im Tiroler Teil der Ammergauer Alpen, finden wir im Tauern (Tauernberg) ein stilles, nur wenig besuchtes Wanderziel. Obwohl der Berg nicht zu den alpinen Rennern gehört, ist die Tour dort hinauf sehr lohnend. Vor allem die Gipfelschau zum Heiterwanger See und zum Plansee hinunter, aber auch hinüber zum markanten Thaneller und hinaus bis in die Allgäuer Alpen mit dem scharf geschnittenen Hochvogel am Horizont macht die Wanderung so interessant. Besonders lohnend sind die Gipfelblicke ins Lechtal hinunter und nach Reutte. Am Berg selber geht es landschaftlich sehr abwechslungsreich zu, wobei die spannendsten Eindrücke im Gipfelbereich zu gewinnen sind. Bis zum Zunterkopf, dem Vorgipfel des Tauern, ist die Route noch relativ einfach, obwohl der Weg mehrfach abgebrochen ist und deshalb an einigen Stellen etwas luftig über Steilabbrüchen verläuft. Der Übergang zum Tauerngipfel und die vorgeschlagene Abstiegsvariante sind anspruchsvoller, gehen aber über einen »Einser« auch nicht hinaus.

KURZINFO

Talort: Reutte, 853 m. Wirtschaftsstandort im Lechtal.
Ausgangspunkt: Roßruggen, 994 m. Zugverbindung von Garmisch-Partenkirchen, Ehrwald und Füssen, Busverbindung von Lech a.A., Ehrwald und Füssen nach Reutte. Von Reutte 3,5 km.
Gehzeit: 4.30 Stunden.
Höhenunterschied: 847 m.
Anforderungen: Trittsicherheit und Schwindelfreiheit notwendig.

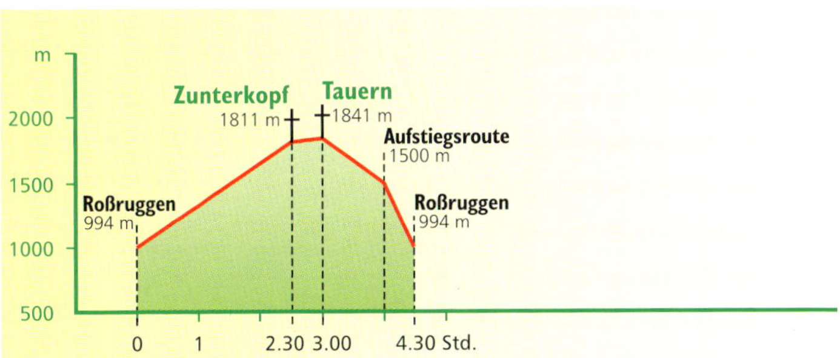

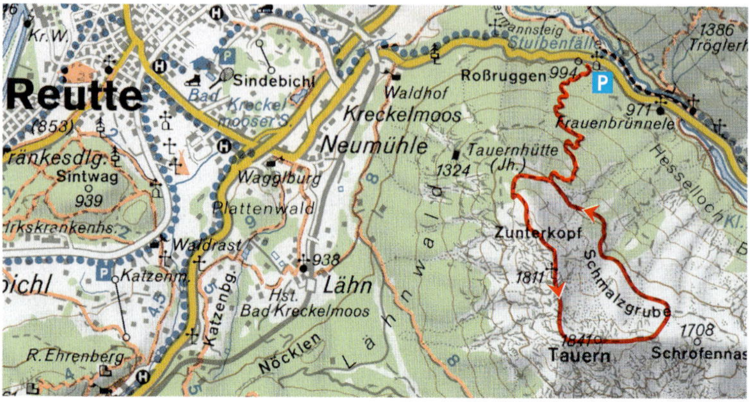

Vom Parkplatz bei **Roßruggen**, an der Straße von Reutte zum Plansee, führt ein schmaler markierter Wanderweg steil nach Süden bergan. Auf etwa 1400 m Höhe schwenkt das Weglein für eine knappe halbe Stunde gegen Westen ab, ehe es wieder nach Süden ansteigt. Es ist recht mühsam, sich durch den steilen Buchenwald hinaufzuplagen, bis man in die stark geneigten Latschenhänge am Zunterkopf kommt. Weiter oben wird der Berg felsig, und dann sehen wir zum großen Kreuz am Zunterkopfgipfel. Ein paar Mal geht's noch auf und ab, zweimal etwas luftig, bis wir am **Zunterkopf**, dem 1811 m hohen Nordgipfel des Tauern, ankommen. Dort haben wir uns in jedem Fall eine Rast verdient, egal, ob wir die Tour beenden wollen oder in der »Kür« auch noch zum 30 Meter höheren Tauern (1841 m) hinüberge-

Ausblick vom Tauern über den Zunterkopf auf das Lechtal mit Reutte, hinten die Tannheimer Gruppe.

hen. Der Übergang ist nicht markiert und – vor allem im ersten Abschnitt – auch nicht ganz leicht zu finden. Am besten ist es, sich an den markanten Felsengebilden rechts vorbeizuschwindeln. Dann ist's leicht. Wir brauchen nur am Grat weiterzugehen und kommen so auf jeden Fall zum **Tauern** hinüber.

Der Abstieg ist am einfachsten entlang der Aufstiegsroute.

Besonders lohnend, wenn auch etwas anspruchsvoller, ist folgende Alternative: Zuerst einmal steigen wir vom Tauern durch eine breite, aber ziemlich steile Geröllrinne kurz gegen Südosten ab. Dann halten wir uns links und folgen dem Gratverlauf gegen Osten. Dort stoßen wir bald auf eine Trittspur, die uns in die 1680 m hohe Gratscharte vor der Schrofennas (1708 m) bringt. Aus dieser Scharte folgen wir dem nach links (Nordwesten) abfallenden Weglein. Dabei kommen wir über einen felsigen Höhenzug in die weite, stille Schmalzgrube hinab. Das Weglein verliert sich im Kar. Über lange Geröllbänder gehen wir gegen Nordosten in einen grünen Talboden hinein und erreichen nach der Hirschtränke bald einen Jägersteig. Er wendet sich nach links und bringt uns gegen Nordwesten zur Aufstiegsroute, die wir auf der Höhe von etwa 1500 m erreichen. Auf ihr steigen wir nach **Roßruggen** ab.

Gipfelblick vom Zunterkopf auf den stillen Plansee.

21 Geierköpfe, 2161 m

Vom Plansee übers Kreuzjöchl ★★

Über dem Plansee

Die Geierköpfe, beliebte Wanderziele hoch über dem Plansee, haben zwei Gipfel. Für jeden Geschmack ist einer dabei. Der westliche Gipfel ist mit 2143 m Höhe ein eher sanftes Ziel, bei dem man außer einer kurzen Kraxelstelle (I+) keine Schwierigkeiten zu erwarten hat. Der Ostgipfel ist schon deutlich rassiger, erfordert absolute Trittsicherheit und Schwindelfreiheit und ist entsprechend wenig besucht. Mit einer hervorragenden Rundschau warten beide Ziele auf. Die Tour ist verhältnismäßig anstrengend. Sie führt zunächst durch schöne Wälder. Bizarre Wände aus brüchigem Kalkgestein bilden die Kulisse auf dieser Wanderung, sobald man aus dem Wald herausgekommen ist. Dann geht es zwischen Latschengebüsch und Felsen bis zu den Gipfeln dahin.

KURZINFO

Talort: Reutte, 853 m. Wirtschaftsstandort.
Ausgangspunkt: Plansee (Ort), 979 m. Zugverbindung von Garmisch-Partenkirchen, Ehrwald und Füssen, Busverbindung von Lech a.A., Ehrwald und Füssen nach Reutte. Von Reutte ca. 11 km.
Gehzeit: 6.00 Stunden.
Höhenunterschied: 1228 m.
Anforderungen: Zum Westgipfel weitgehend leicht, Übergang zum Ostgipfel anspruchsvoll.

Am Zwerchenberg unter den Geierköpfen.

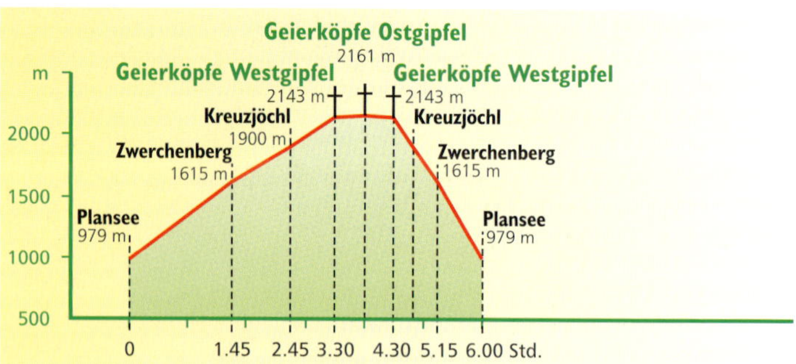

Vom Parkplatz am **Plansee** bummeln wir gegen Osten zum Gasthaus Musteralm (Plansee-Senn-Alm) und gehen von dort gegen Norden in den Wald hinein. Bald zweigt rechts ein Weglein ab. Mühsam plagen wir uns den steilen Bergweg hinauf, gehen ein kurzes Stück sogar am Drahtseil, bis sich der Hang am Zwerchenberg auf der Höhe von 1615 m zurücklegt. Vom bewaldeten Sattel unter dem Zwerchenberg verfolgen wir den Pfad leicht abwärts gegen Norden, durch eine Lichtung, an einer Jagdhütte auf der Zwerchenbergalm vorbei und wieder in den Wald hinein. Der Hang schwingt sich wieder deutlich auf, und allmählich kommen wir in Latschengebüsch und zum **Kreuzjöchl** (1900 m) hinauf. Dort schwenken wir am markierten Pfad links ab und folgen dem Gratverlauf, zum Schluss steil durch die Felsen bis zum Kreuz am Westgipfel der **Geierköpfe** (2143 m). Nur wer es sich zutraut, darf auf dem schmalen, scharfen Grat bis zum Ostgipfel (2161 m) weitergehen.
Der Abstieg erfolgt auf der Aufstiegsroute.
Weniger steil, aber etwas weiter ist folgende Variante: Am Zwerchenberg biegen wir nicht gegen Südwesten zum stark abfallenden Anstiegsweg ab, sondern folgen den Markierungszeichen nach Süden leicht hinauf zum Schönjöchl (1661 m) und gehen im lichten Wald auf den Punkt 1498 m zu. Nun in vielen Kehren gegen Südwesten hinab und am östlichsten Ende des Plansees, am Seewinkl (980 m), auf einen Fahrweg, dem wir nach rechts (gegen Nordwesten) zum Ausgangspunkt folgen.

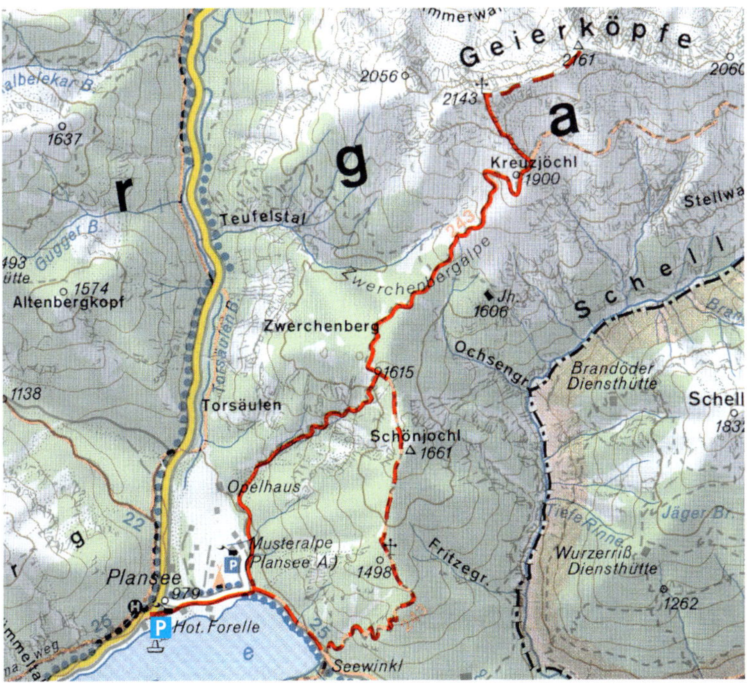

22 Schönberg, 2142 m

Gipfelsammlung unter dem Wettersteinkamm ★★★

Am Fuße des Wettersteins

Am Südrand des Wettersteingebirges, auf der Tiroler Seite dieses scharf geschnittenen Bergkamms, gibt es zwei lohnende Rundtouren. Mit einer Nacht auf der Rotmoosalm lassen sie sich sogar zu einer Bergfahrt über zwei Tage verbinden, landschaftlich grandios und durchaus anspruchsvoll. Die Rede ist von den drei Gipfeln Plattach, Schönberg und Predigtstuhl. Hier ist nur die erste Tagesetappe über Plattach und Schönberg vorgestellt. Den langen Rundgang prägt eine Berglandschaft, wie sie für das Wetterstein typisch ist: Talnah ausgedehnte Wälder und wilde Bergbäche, dann ein schmaler Almbereich und schließlich, vor wild aufragenden Felsenwänden, Kare und Schuttfelder, durchzogen von Bachgräben und Lawinenrinnen. Unsere kleinen, eher unauffälligen Gipfelziele sind dem felsigen Wettersteinkamm vorgelagert und stellen keine alpinen Aufgaben wie etwa der Felskamm selbst. Sie gehen bei einer Wanderung vor diesem Szenario fast unter, und doch lohnt sich die Tour.

KURZINFO

Talort: Leutasch Platzl, 1151 m. Touristenzentrum für alle Jahreszeiten, großartige Landschaft.
Ausgangspunkt: Parkplatz im Gaistal, 1220 m. Busverbindung aus dem Leutaschtal. Nach Leutasch Busverbindung von Mittenwald und Seefeld.
Gehzeit: 6.15 Stunden.
Höhenunterschied: 978 m.
Anforderungen: Unschwierig.
Einkehr: Wettersteinhütte, Wangalm, Rotmoosalm.

Blick von der Wangalm über die Wettersteinhütte zur Hohen Munde.

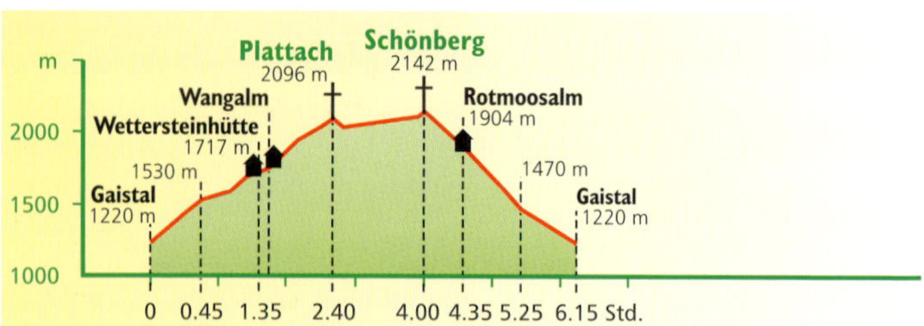

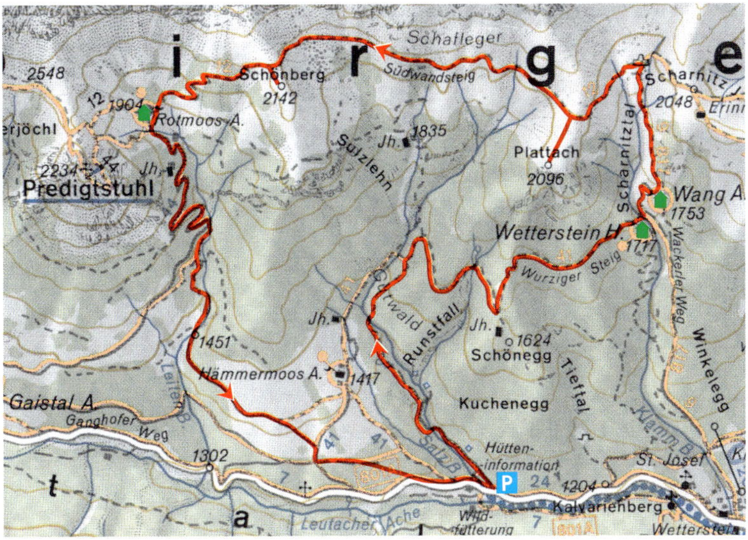

Vom hintersten Parkplatz im **Gaistal** gehen wir am breiten Weg neben dem Salzbach gegen Nordwesten hinauf. Auf der Höhe von 1355 m verlassen wir im Wald den breiten Weg und folgen einem beschilderten Steig nach rechts, Richtung Wettersteinhütte. Unser Weg quert auf einem Steg (1430 m) den Salzbach. Gleich darauf verlässt das Weglein den Wald und führt mit herrlichen Ausblicken auf den Wettersteinkamm zwischen Felsblöcken bergwärts und wieder in den Wald hinein. Auf der Höhe von 1530 m verzweigt sich der Weg wieder. Wir gehen geradeaus weiter, Richtung Wettersteinhütte, und schon wieder gabelt sich im Gutwald der Weg. Dort zweigen wir rechts ab und folgen den Wegtafeln Richtung Wettersteinhütte. Der gute Pfad führt leicht abfallend den Berghang gegen Osten entlang, bis er eine bewaldete Bergrippe (1585 m) erreicht, wo er links abbiegt und wieder deutlich ansteigt. Auf der Höhe von 1680 m fällt der Bergweg dann leicht ab, schmiegt sich im Latschengebüsch an den Hang und führt ziemlich eben dahin. Er bringt uns neben einer Rastbank und einem Niederschlagsmesser (1690 m) wieder über eine – diesmal weniger ausgeprägte – Rippe hinweg. Allmählich öffnen sich am Wurziger Steig eindrucksvolle Tiefblicke nach Leutasch hinunter, und wir erreichen die schmucke **Wettersteinhütte** (1717 m).

Der Anstiegsweg führt an der Hütte vorbei und fällt kurz in einen Bachgraben ab, von wo wir auf einem Fahrweg zur Jausenstation **Wangalm** (1753 m) gehen. Dort endet die Straße, und der Anstiegsweg führt über freie Wiesenhänge neben dem Scharnitztal nach Norden auf den Wettersteinkamm zu. Zwischen riesigen Felsblöcken verzweigt sich dann im Scharnitztal die Route. Wir biegen links ab und folgen den Markierungszeichen gegen Südwesten den steilen Hang hinauf, bis wir in einem Joch (2040 m) ankommen. Dort können wir links abbiegen und

Am Plattach (oder Roßberg), hinten der Wettersteinkamm.

in 10 Minuten auf den **Plattach** (2096 m) steigen.
Vom Gipfel gehen wir wieder in das Joch zurück und folgen dem schmalen Bergweg anfangs gegen Nordwesten, dann gegen Westen über mehrere Bachläufe und durch etliche Lawinenbahnen auf der Höhe von knapp über 2000 m. Lange durchqueren wir das triste Gelände des Schaflegers und kommen nördlich des Schönbergs in einen Sattel (2110 m), von dem wir in 5 Minuten im Wiesengelände zum **Schönberg** aufsteigen.
Vom Gipfel gehen wir wieder in den Sattel hinab und folgen eine halbe Stunde im Latschengebüsch und ein wenig durch die Felsen dem Weglein zur **Rotmoosalm** (1904 m). Von der Jausenstation gehen wir auf der Fahrstraße talwärts und erreichen am Oberlauf des Leitenbachs eine Straßenverzweigung. Dort halten wir uns scharf rechts und gehen neben dem Bachgraben 2 Minuten lang noch auf der Straße dahin. Wegtafeln weisen auf einen schmalen Wanderweg nach links (Richtung Hemmermoosalm). Der Bergpfad wird ein kurzes Stück arg steil und stößt auf ein Weidegatter. In einer Waldlichtung verzweigt sich der Weg schon wieder, wir halten uns links und steigen in lichtem Wald hoch über einem tiefen Bacheinschnitt dahin und in den Bachgraben hinab. Unmittelbar vor dem Leitenbach gabelt sich der Weg. Wir queren den Bach auf einem Steg (1470 m) und erreichen gleich dahinter, bei einem Gatter, eine schmale Fahrstraße, der wir leicht abfallend folgen. Bei der Abzweigung zur Hemmermoosalm gehen wir geradeaus weiter und folgen dem Ganghoferweg in das **Gaistal**. Auf der Gaistalstraße kommen wir wieder zu unserem Ausgangspunkt zurück.

Zischgeles, 3004 m

Von Praxmar über das Sattelloch

★★

Gletscherpanorama

Bei Skitouristen ist der Zischgeles so bekannt und beliebt, dass sie ihn an schönen Frühlingstagen hoffnungslos überlaufen. Zu solchen Zeiten drängen oft mehrere Hundertschaften von Skialpinisten auf der Fellspur den Berg hinauf und über die pistenartig eingefahrenen Hänge ins Tal und zu den Wirtshäuser von Praxmar hinab. Da bleibt von Bergidylle oder gar Einsamkeit nichts übrig. Also nehmen wir uns diesen schönen, aber relativ unschwierigen Dreitausender im Sommer vor. Zu Fuß und ohne Gletscherberührung lässt sich der Gipfel auf der vorgestellten Anstiegsroute ziemlich leicht erreichen. Der Abstieg ist an einer Stelle am Gipfelgrat etwas pfiffiger, aber noch lange nicht schwierig. Am Gipfel oben gibt es ein Gletscherpanorama der Sonderklasse. Die Schau ist vor allem in das stille Gleirschtal interessant, ebenso auf die Gletscherberge gegenüber, die im Sommer so gut wie keinen Besuch bekommen. Ein besonderes Schmankerl gönnt sich, wer bei entsprechender Schneelage im frühen Sommer, etwa Anfang Juli, dem Zischgeles einen Besuch auf Firngleitern abstattet. Manchmal reichen die letzten Schneefelder so weit nach Praxmar herab, dass man die Figl nicht einmal eine Stunde lang tragen muss.

Seitental Sellrain

KURZINFO

Talort: Praxmar, 1689 m. Malerisch gelegenes Bergdorf, das im Winter mit Skitouristen überfüllt ist.
Ausgangspunkt: Praxmar, 1689 m. Busverbindung von Gries i.S. Nach Gries i.S. Busverbindung von Innsbruck.
Gehzeit: 6.20 Stunden.
Höhenunterschied: 1315 m.
Anforderungen: Nur für die letzten Meter zum Gipfel braucht man Trittsicherheit und Schwindelfreiheit.

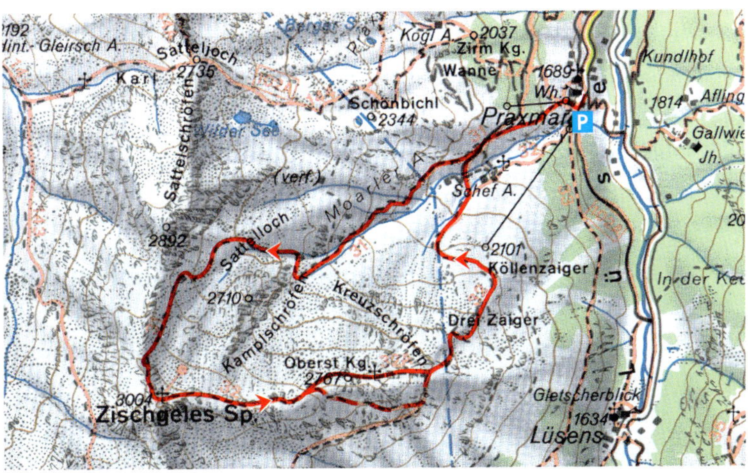

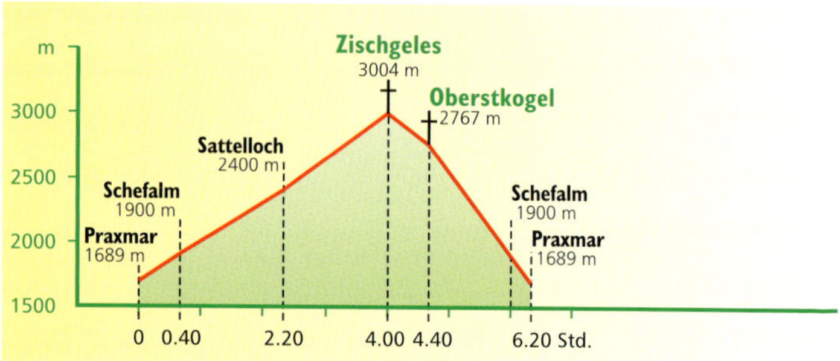

Von **Praxmar** (1689 m) gehen wir am Fahrweg gegen Südwesten hinauf, biegen aber bald rechts ab, um dem Bergpfad in Richtung Schefalm zu folgen. Er bringt uns im breiten Berghang zur **Schefalm** (1900 m), am Wasserausleitungsbauwerk vorbei und nördlich des Bachs gegen Südwesten auf die scharf geschnittenen Kamplschröfen zu. Am nordöstlichen Rand des felsigen Bergkamms der Kamplschröfen gibt es einen Durchschlupf. Wir erreichen ihn, wenn wir in ausholendem Zickzack den Steilhang gegen Norden hinaufsteigen. Nach dieser mühsamen Passage drehen wir wieder gegen Westen ab (nach links) und gehen in das weite Sattelloch auf der Höhe von rund 2400 m. Wir sind nun nördlich der Kamplschröfen, ändern in weitem Linksbogen die

Gipfeleinsamkeit am Zischgeles gibt es nur im Sommer, wenn keine Skifahrer unterwegs sind.

Die Kamplschröfen im Anstieg zum Zischgeles.

Aufstiegsrichtung gegen Süden und steigen durchs Blockwerk zum Gipfel des **Zischgeles** hinauf.
Beim Rückweg wählen wir eine andere Route. Sie ist sogar etwas spannender als der Aufstieg. Auch sie führt uns durch Blockwerk, aber diesmal ziemlich steil über den Zischgeles-Ostgrat, am markanten Zischgenturm vorbei und in den weiten Sattel zwischen Zischgeles und Oberstkogel hinein. Das Weglein steigt dort wieder an.
Wer Lust dazu hat, kann relativ einfach auch noch den 2767 m hohen **Oberstkogel** besuchen und diesen nach Osten überschreiten. Wer keine Neigung verspürt, noch einen Zweitgipfel zu besteigen, hält sich bei der Routenverzweigung auf etwa 2700 m vor dem Oberstkogel rechts und geht im Schrofengelände hoch über dem Schöntal nach Osten dahin, bis die Wegspur links, gegen Norden, abbiegt. Bald vereinigt sie sich mit der Route, die vom Oberstkogel herabkommt, und fällt über die Drei Zaiger zum Köllenzaiger ab. Bei der Schefalm erreichen wir die Aufstiegsroute, der wir bis **Praxmar** folgen.
Firngleiterfahrer halten sich zweckmäßigerweise an die Skitourenroute, die vor den Kamplschröfen gegen Südwesten in den Sattel zwischen Oberstkogel und Zischgeles hinauf und von dort auch wieder hinunterführt. Der Gipfelgrat wird mit Firngleitern (ebenso wie mit Ski) nicht bestiegen. Zum höchsten Punkt hinauf muss man in jedem Fall zu Fuß gehen.

Rinnenspitze, 3000 m

Über die Franz-Senn-Hütte ★★★

Über den Gletschern

Der Exakt-Dreitausender Rinnenspitze ist in diesem Teil der Stubaier Alpen eines der wenigen Gipfelziele, die sich ohne Gletscherberührung besteigen lassen. Am kurzen Klettersteig unter dem Gipfel braucht man zwar Schwindelfreiheit und ein bisschen Mut, aber extra schwierig ist diese Bergfahrt trotz ihrer beachtlichen Höhe nicht. Unser Berg liegt auf der Trennungslinie zwischen den Sellrainer Bergen und dem Oberbergtal in einem langen Kamm, der im Wilden Hinterbergl auf 3288 m gipfelt. Die eindrucksvolle Schau reicht auf viele eisgepanzerte Bergriesen in den Stubaier Alpen. Besonders attraktiv aber ist der Tiefblick auf die lange Zunge des Lisenser Ferners, der dem Gipfelsieger zu Füßen liegt. Eigentlich müsste die stattliche Tour ein Unternehmen für zwei Tage sein, ja, es gibt sogar die große Franz-Senn-Hütte am Weg, die nach dem berühmten Gletscherpfarrer aus dem Ötztal benannt ist. Doch bleiben dank des hohen Ausgangspunktes gar nicht so viele Höhenmeter übrig.

Am Gipfelsteig der Rinnenspitze.

KURZINFO

Talort: Neustift im Stubaital, 993 m.
Ausgangspunkt: Oberißhütte, 1742 m. Busverbindung von Innsbruck über Fulpmes nach Neustift. Bustransfer vom Hotel Almhof (Tel. 05226/2626) zur Oberißhütte. Bitte vorher anrufen!
Gehzeit: 5.30 Stunden.
Höhenunterschied: 1258 m.
Anforderungen: Für den Gipfelanstieg Trittsicherheit und Schwindelfreiheit (kurzer Klettersteig), außerdem Höhengewöhnung.
Einkehr: Franz-Senn-Hütte.

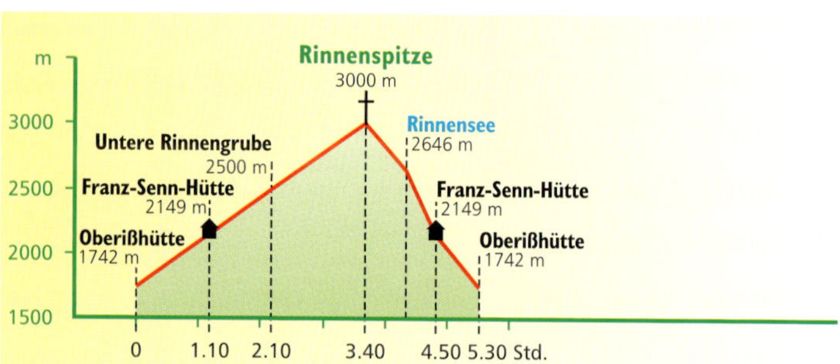

Die »herrschaftliche« Franz-Senn-Hütte.

Bis zur **Oberißhütte** können wir mit dem Auto durch das lange, steile Oberbergtal fahren. Bei der Bergwirtschaft steigen wir in die Stiefel und durch das Oberbergtal nach Südwesten auf einem guten Weg in der Nähe der Materialseilbahn neben dem wilden Alpeiner Bach auf. Die Route führt über ein paar glatt geschliffene Felsen und stößt auf die **Franz-Senn-Hütte** (2149 m). Unmittelbar vor dem stattlichen Alpenvereinshaus – und gleich dahinter noch einmal – queren wir den Alpeiner Bach.

Der Bergpfad wendet sich gegen Nordwesten und verzweigt sich. Wir biegen links ab und steigen noch kurz gegen Nordwesten, dann aber nach Südwesten auf. Unter den Felsausläufern des Kreuzkamps gehen wir oberhalb wilder Felsabstürze im Steilhang zur Unteren Rinnengrube (rund 2500 m) dahin. Dort sammelt sich ein Bächlein zwischen Felsen zu einem kleinen, malerischen See.

Anschließend kommen wir, wie dies für die Zentralalpen so typisch ist, ins Blockwerk hinein. Bald erreichen wir aber wieder schöne Wegspuren, die sich vor dem Rinnensee verzweigen. Wieder gehen wir rechts und steigen auf den Ostgrat der Rinnenspitze zu. Jetzt wird der Aufstieg ziemlich mühselig. Die Markierungszeichen leiten im Felsgelände arg steil hinauf, und eine Viertelstunde unter dem Gipfel bringen sie uns an den Gipfelsteig heran. Behutsam klettern wir über die gut ausgebaute, aber einigermaßen ausgesetzte Strecke hinauf. Ängstliche Naturen sollten sich vorsichtshalber anseilen, denn wer nicht aufpasst, der kann durchaus hinunterfallen. Am luftigen Gipfelgrat angekommen halten wir uns ein paar

Meter links vom Grat, steigen ein wenig abwärts und folgen den Sicherungsanlagen zum Gipfelkreuz der **Rinnenspitze** auf der Höhe von genau 3000 m hinauf.

Anfangs steigen wir am Klettersteig ab, schwenken aber oberhalb des türkisgrünen Rinnensees rechts ab, um einer unmarkierten Pfadspur bergab zu folgen. Diese Alternative führt neben einem zackigen Felsengrat steil zum malerischen **Rinnensee** hinab, wo wir gerne eine Rast einlegen werden. Hinter der dunklen, schroffen Sommerwand erhebt sich, mit einer großen Gletscherflanke verziert, die markante Alpeiner Knotenspitze, und alles spiegelt sich im kristallklaren Wasser.

Beim See erreichen wir auch wieder eine markierte Route. Sie führt gegen Osten zum Aufstiegsweg zurück. Ihm folgen wir zur **Oberißhütte** hinaus.

Blick von der Rinnenspitze über den völlig blanken Lisenser Ferner zum Lisenser Fernerkogel.

Serles (Waldrastspitze), 2718 m

Über das Serlesjöchl

★★

Von Maria Waldrast zur Serles

Der Serleskamm trennt das Stubaital vom Gschnitztal. Zwischen Serles und Habicht reihen sich interessante Gipfelziele. Der Alpinist kann wählen zwischen lieblichem Blumenberg, anspruchsvollem Wandergipfel, pfiffigem Klettersteig und der Firntour am 40° steilen Mischbachferner. Von allen Gipfeln erhält die Serles am meisten Besuch. Sie ist zwar nicht der höchste Gipfel in diesem Kamm, aber sie ist das Aushängeschild, sichtbar von der Tiroler Landeshauptstadt, und sie ist relativ leicht erreichbar. Positiver Nebeneffekt ist, dass man etwas für Leib und Seele tun kann. Dafür zuständig ist Kloster Maria Waldrast, Anfang und Ende der Tour. Für die Seele sorgt die Wallfahrtskirche zu Ehren des Marienbildes, das drei Holzfäller 1392 fanden, und die Klosterschänke für den Leib, auf dass beides zusammenhält... Übrigens: Wer nachts nicht schlafen kann, sollte sich überlegen, in mondheller Nacht aufzusteigen, um den berühmten Sonnenaufgang auf der Serles zu erleben. Mit Gespenstern und Feen braucht niemand zu rechnen, die sind alle beim Tiroler Bergsagen-Festival engagiert.

KURZINFO

Talort: Matrei am Brenner, 992 m. Ruheloser Ort zwischen Bahnstrecke, Bundesstraße und Brennerautobahn.
Ausgangspunkt: Maria Waldrast, 1636 m. Zugverbindung von Innsbruck nach Matrei. Von dort 7 km, 650 Hm.
Gehzeit: 5.15 Stunden.
Höhenunterschied: 1157 m.
Anforderungen: Kurze Eisenleiter am Serlesjöchl. Insgesamt unschwierig.

Das Kloster Maria Waldrast.

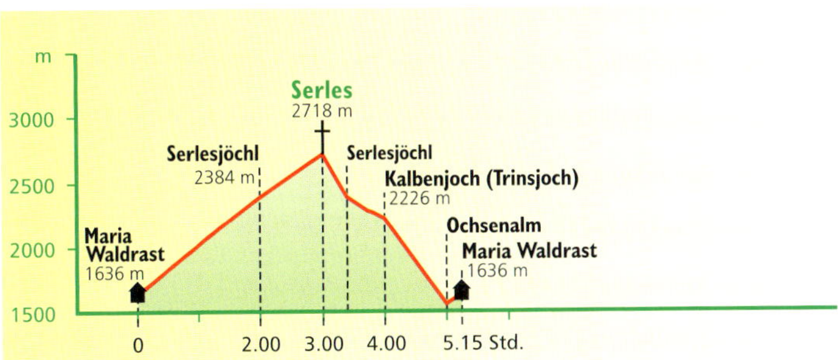

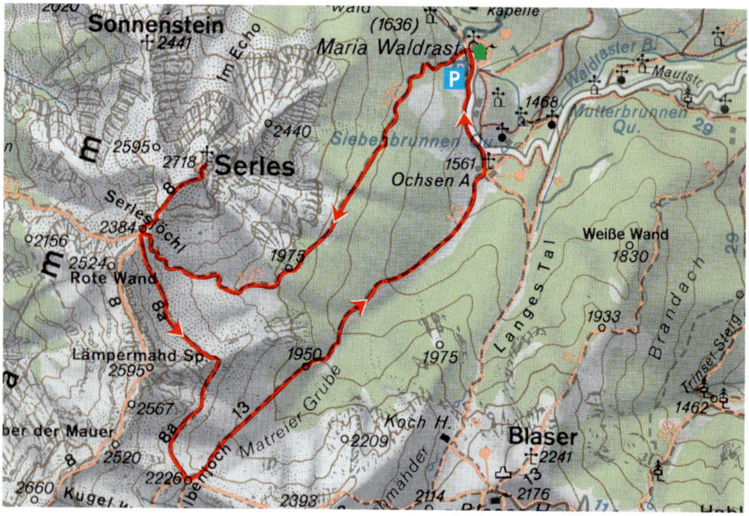

Wir verlassen den Klosterhof in **Maria Waldrast** gegen Westen und folgen vom Brunnen mit dem angeblich energiegeladenen Maria-Waldraster-Wasser dem markierten Weglein gegen Westen ziemlich steil in den Wald hinein. Auf der Höhe von 1780 m flacht es deutlich ab und verläuft ein längeres Stück relativ eben dahin. Allmählich lichtet sich der Wald, und schöne Blicke zum Blaser und zur Peilspitze hinüber öffnen sich. Der Bergpfad bringt uns nun im Latschengebüsch gegen Südwesten weiter und quert etliche eindrucksvolle, tief eingeschnittene Lawinenrinnen. Bei feuchtem Wetter oder im Morgentau muss man aufpassen, dass man auf dem Wurzelwerk nicht abrutscht. In einer auffallend breiten Reiße schwenkt unser Pfad nach rechts, gegen Westen, und steigt in Kehren ziemlich steil an. Weiter oben zweigt an markierter Stelle ein kurzer Steig ab, der zu einer Quelle führt. Wir gehen gegen Nordwesten weiter und zum **Serlesjöchl** (2384 m) hinauf. Dort halten wir uns rechts auf den zackigen Gipfelaufbau zu. Der Anstieg führt über den kurzen, breiten Gratrücken aus dem Jöchl gegen Nordosten, und dann geht es in die Felsen hinein. Aber keine Angst, das Gelände ist nicht einmal halb so wild, wie es zunächst aussieht. Der »Einstieg« führt über eine kurze Eisenleiter und anschließend zwei Mal entlang einem Drahtseil. Anschließend steigen wir im Felsgelände auf und kommen wieder ins Geröll hinein, durch das wir relativ steil, aber unschwierig hinaufgehen. Kurz unter dem Gipfel müssen wir wieder ein wenig in die Felsen und ein bisschen zupacken, dann haben wir das große Kreuz und den ausgedehnten Gipfel der **Serles** erreicht. Wenn wir noch ein freies Plätzchen finden, lassen wir uns zur Jause nieder und freuen uns an der rundum großartigen Aussicht.

Im Abstieg folgen wir bis in das **Serlesjöchl** auf alle Fälle der Aufstiegsroute. Wer schnell in den Klostergarten zum Weizenbier möchte, bleibt auch anschließend auf dieser.

Haben wir noch Zeit, können wir ein paar Meter unter dem Serlesjöchl an der Wegverzweigung rechts abbiegen und unter der scharf geschnittenen Lämpermahdspitze im Geröll weitergehen. Der schmale Pfad fällt zunächst ziemlich steil ab, läuft aber dann relativ eben dahin bis zu einem grün bewachsenen Gratausläufer auf der Höhe von 2280 m. Das Weglein schwenkt dort nach rechts (Südwesten) ab, und gleich darauf kommen wir wieder in felsiges, von Rinnen durchzogenes Berggelände hinein. Wir müssen über ein kurzes, mit einem soliden Drahtseil gesicherten Felsband hinweg und stoßen dahinter zu einer frischen, gefassten Quelle auf 2270 m Höhe. Bald erreichen wir das breite, grüne **Kalbenjoch** (auch Trinsjoch genannt, 2226 m), das zwischen Lämpermahd- und Peilspitze liegt. Aus diesem steigen wir gegen Nordosten durch die Matreier Grube zur **Ochsenalm** (1561 m) ab und auf der Fahrstraße nach Norden bis **Maria Waldrast** auf.

Die Schau von der Serles auf die interessanten Bergziele Rote Wand, Kesselspitze und Habicht.

26 Obernberger Tribulaun, 2780 m

Überschreitung vom Tribulaun zum Roßlauf ★

Am Tribulaun

Das Obernberger Tal hat sich bei Skitouristen einen Namen gemacht. Zu beiden Seiten gibt es lohnende, nicht zu anspruchsvolle Skitouren. In dieser Parade tut sich der Obernberger Tribulaun besonders hervor. Zusammen mit seinen (oft sogar höheren) Nachbargipfeln bietet er Dramatik. Das gilt für die Landschaftsbilder ebenso wie für den sportlichen Aspekt. Die lange Rundtour fordert die Kondition heraus, aber auch alpine Fähigkeiten, und erreicht die Grenze dessen, was sich Wanderer normalerweise vornehmen. Beim Abstieg ins Portjoch birgt der Grat luftige und schmale Stellen, die einmal sogar an den Schwierigkeitsgrad II heranreichen. Dazu müssen wir unerschrocken, trittsicher und schwindelfrei sein. Außerdem sollten wir den Markierungszeichen auf dieser Strecke sehr gewissenhaft folgen, sonst haben wir uns schnell in diesem ausgesetzten Gelände verstiegen.

Im felsigen Gipfelbereich des Obernberger Tribulauns.

KURZINFO

Talort: Obernberg am Brenner, 1396 m. Ehemaliges Bergbaudorf, heute Bauern- und Fremdenverkehrsort.
Ausgangspunkt: Gasthaus Waldesruh, 1450 m. Busverbindung von Steinach a.Br.
Gehzeit: 7.20 Stunden.
Höhenunterschied: 1490 m.
Anforderungen: Einwandfreie Kondition, Höhengewöhnung, Trittsicherheit, Schwindelfreiheit.
Einkehr: Gasthaus Obernberger See.

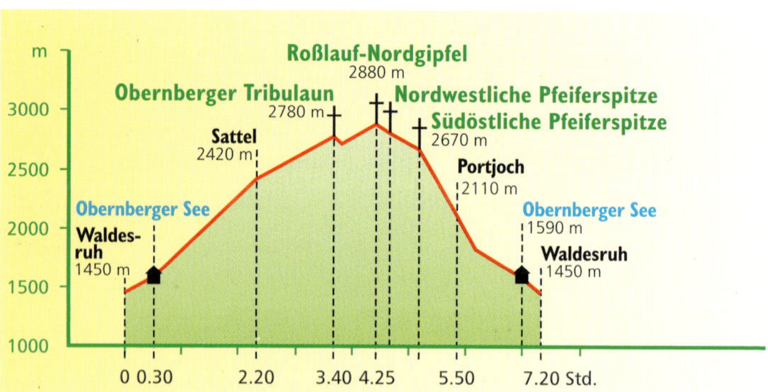

Mühseliger Anstieg von Obernberg herauf.

Roßlauf-Nordgipfel und (links) Pflerscher Tribulaun.

Vom großen, kostenpflichtigen Parkplatz beim **Gasthaus Waldesruh** folgen wir dem Fahrweg nach Süden hinauf. Die Route ist zunächst relativ eben, wird aber bald ziemlich steil und steigt zur Unterreinsalm an. Von der Alm können wir über einen Wiesenweg zum **Gasthaus Obernberger See** (1590 m) aufsteigen, weniger schön ist der Fahrweg zu dem idyllischen See.

Vom Nordufer des verzweigten Sees leiten Wegweiser nach rechts in den Wald hinein, wo ein schmaler Steig nach Westen bergwärts führt. Wieder erreichen wir eine Fahrspur, der wir gegen Südwesten folgen, bis nach rechts ein markierter Bergpfad abzweigt. Er läuft in sehr steile Latschenhänge hinein, wo er sich zunächst nach Westen, später gegen Nordwesten über einen Wiesenhang in felsiges Steilgelände hinaufwendet. Ein kurzes Stück gehen wir am Drahtseil senkrecht aufragenden Felswänden entlang, was nicht besonders schwierig ist. Haben wir den weiten Sattel unter dem Kleinen Tribulaun auf der Höhe von 2420 m erreicht, wird der Anstieg kurzfristig etwas weniger mühevoll. Wir schwenken links ab und wandern nach Südwesten über Geröll und Blockwerk – wieder deutlich steiler – zum Gipfelkreuz am **Obernberger Tribulaun** (2780 m) hinauf. Damit sind wir aber noch nicht am Ziel.

Die Anstiegsroute bringt uns vom Obernberger Tribulaun nach Westen weiter und in eine enge Scharte, am oberen Ende einer wilden Schlucht. Sie führt mehrmals auf und ab und auf einen breiten Höhenrücken zu. Dort weitet sich ein einzigartiger Blick zur Schwarzen Wand und zum Pflerscher Tribulaun. Oberhalb der Kachelstube, eines unwegsamen Felsgeländes (dort führt übrigens die Skitourenabfahrt 40° steil hinab), gabelt sich neben einigen markanten Felsgebilden der Weg auf 2720 m Höhe. Wir gehen entlang den Markierungszeichen zum **Roßlauf-Nordgipfel** weiter und haben mit 2880 m Höhe endlich den höchsten Gipfel dieser langen Rundtour erreicht.

Vom Roßlauf leiten uns Markierungspunkte über einen langen, breiten Schuttrücken nach Südosten hinab, der sich bei den Pfeiferspitzen plötzlich zu einem scharfen Grat zusammenschnürt. Wir bleiben auf diesem Grat und steigen steil über Blockwerk und feines Geröll oberhalb der Wildgrubenalm – peinlich auf die Wegmarkierungen achtend – ins **Portjoch** (2110 m) hinüber. Dort biegt der Abstiegsweg links weg und führt zum **Obernberger See** hinaus. Am Ufer wandern wir nun auf dem stark

Am Obernberger See.

frequentierten Fahrweg zum Wirtshaus und folgen von dort der Aufstiegsroute zum Ausgangspunkt am **Gasthof Waldesruh** zurück.

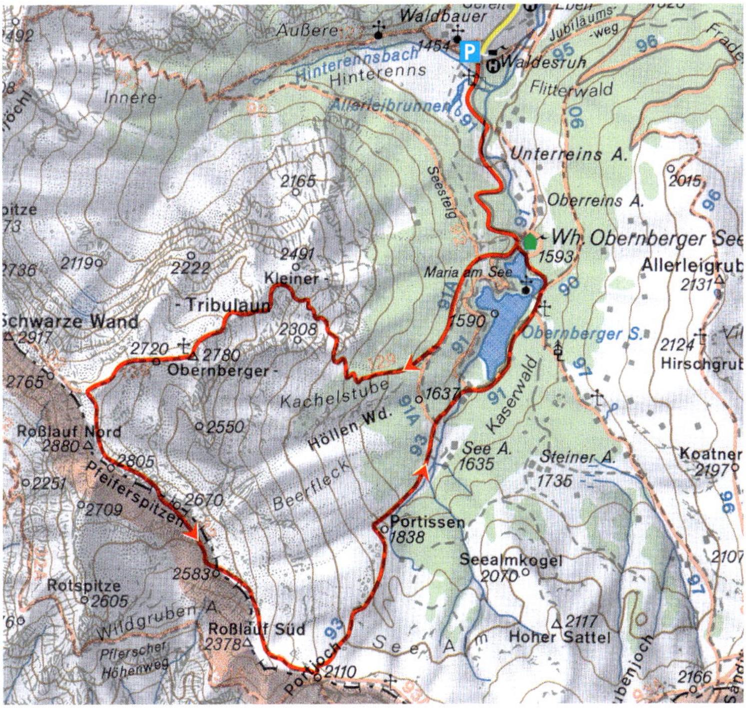

27 Speckkarspitze, 2621 m

Aus dem Halltal durchs Issjöchl ★★

Über dem Lafatscherjoch

Die Speckkarspitze steht voll im Schatten des benachbarten und bei Bergsteigern überaus beliebten Großen Bettelwurfs. Man kann's ja irgendwie verstehen. Der Bettelwurf ist mit einem spannenden, aber nicht allzu schwierigen Klettersteig »verkabelt«, also mit einigermaßen abschätzbarem Aufwand zu schaffen, hat auf halber Höhe die schmucke Bettelwurfhütte als Rast- und Übernachtungsquartier anzubieten und ist auch noch um 100 Meter höher. Da bleiben nicht mehr viele Punkte übrig, die für die bescheidenere Speckkarspitze sprechen. Gut, eine Hütte gibt es auch in ihrer Nähe, allerdings liegt das Hallerangerhaus auf der uns abgewandten Seite des Berges. Doch was zählt, ist der Umstand, dass der Berg halt weniger attraktiv ist, und das macht ihn für Leute, die den Massenauftrieb nicht so schätzen, wieder reizvoll. Die etwas anspruchsvolle Tour ist – wie nicht anders zu erwarten – von großartigem Gipfelblick gekrönt. Er reicht zum Karwendelhauptkamm und über das Inntal hinaus bis zum Alpenhauptkamm mit den Stubaier und Zillertaler Alpen. So ein stolzer Gipfel verlangt von seinen Bezwingern natürlich eine gute Kondition, Trittsicherheit im brüchigen Karwendelkalk und Schwindelfreiheit. Nicht vergessen sollten wir auch, dass auf der geschilderten Route durch weiter oben gehende Bergsteiger Steinschlag droht, die je nach deren Vor- und Rücksicht erheblich sein kann.

Am Jochkreuz unter dem Lafatscher Joch.

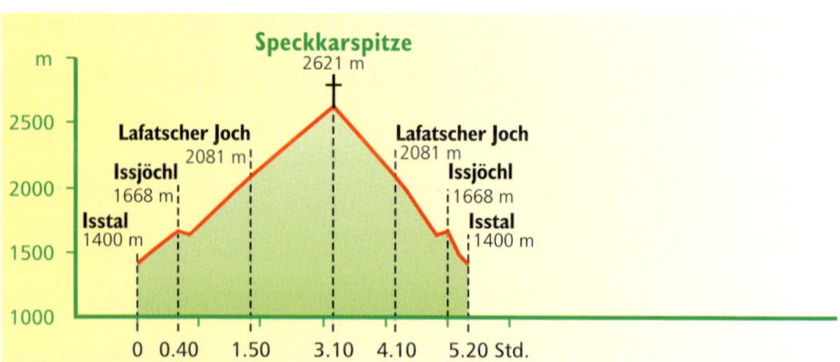

KURZINFO

Talort: Hall in Tirol, 560 m. Einst reiche, heute »nur noch schöne« Salzstadt nahe Innsbruck.
Ausgangspunkt: Parkplatz im Isstal, 1400 m. Bahnverbindung von Kufstein und Innsbruck, Busverbindung von Innsbruck nach Hall in Tirol. Von dort 9 km.
Gehzeit: 5.20 Stunden.
Höhenunterschied: 1305 m.
Anforderungen: Trittsicherheit und Schwindelfreiheit.

Blick vom Südwestgrat der Speckkarspitze zu Birkkar- und Ödkarspitze.

Aus dem **Isstal** gibt es zwei verschiedene Anstiegsrouten zum Issanger hinauf. Eine führt auf der Straße an den Herrenhäusern (1482 m) vorbei, durch das Issjöchl (1668 m) und wieder bis auf 1626 m zum Issanger hinab. Die andere verläuft am Hirschbadsteig, der knapp unterhalb des Parkplatzes in das Isstal hineinführt und diesem zum Issanger hinauf folgt.
Aus dem Issanger steigen wir anfangs gegen Nordwesten, später nach Nordosten weiter auf und in

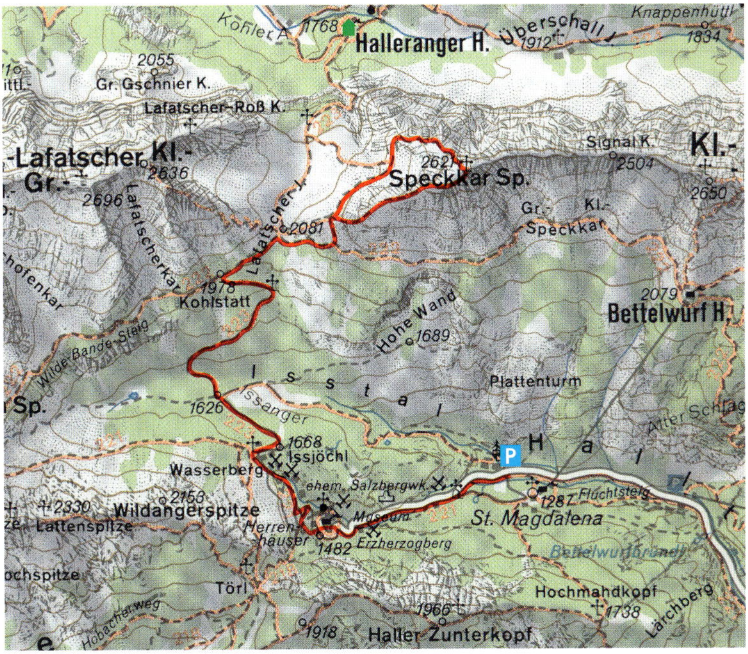

einigen Kehren bis kurz vor das Lafatscher Joch (2081 m). An der Abzweigung des Querwegs zur Bettelwurfhütte biegen wir rechts ab und gehen am schmalen Weg ein paar Minuten dahin, bis nach links, etwas schwer erkennbar, eine Trittspur abzweigt. Auf ihr steigen wir nun über eine Rippe auf, bis sich wieder verschiedene Routen anbieten. Die eine steigt am Rücken über steile Schotterhänge, immer auf dem Grat, stellenweise etwas ausgesetzt, zum Gipfel auf. Die andere quert nach links eine breite Geröllreiße, bis wieder ein markierter Pfad erreicht wird, der sich immer mehr an die Felsen schmiegt und ebenfalls luftig zum Gipfelkreuz der **Speckkarspitze** hinaufleitet.
Der Abstieg erfolgt entlang einer der Aufstiegsrouten.

Die mächtige Speckkarspitze.

Großer Bettelwurf, 2726 m

Über den Eisengattergrat

★★★

Am Großen Bettelwurf

Diese Tour ist lang und anstrengend. Auf den letzten 300 Höhenmetern verlangt sie neben einer großen Ausdauer auch Trittsicherheit und Schwindelfreiheit. Alle Hänge sind südseitig ausgerichtet und im Hochsommer oft enorm heiß. Da man für die lange Bergfahrt sicheres Wetter braucht, empfiehlt sich die Tour mehr für den Herbst. Keinesfalls darf man sie bei Gewittergefahr (Drahtseile!) oder Schneelage durchführen. Ein Problem ist auch der Steinschlag, ausgelöst durch weiter oben gehende Bergsteiger, und das schon gleich oberhalb des Ausgangspunkts, wo das Gelände bezeichnenderweise Alter Schlag heißt! Obwohl zu Klettersteiggurt und Steinschlaghelm zu raten ist, wird der Klettersteig zum Gipfel hinauf kaum mit entsprechender Ausrüstung begangen.

KURZINFO

Talort: Hall in Tirol, 560 m. Historische Altstadt.
Ausgangspunkt: Parkplatz beim Bettelwurfbrünnl, 1060 m. Bahnverbindung von Kufstein und Innsbruck, Busverbindung von Innsbruck nach Hall in Tirol. Von dort 6 km.
Gehzeit: 7.50 Stunden.
Höhenunterschied: 1666 m.
Anforderungen: Trittsicherheit, Schwindelfreiheit, gute Kondition.
Einkehr: Bettelwurfhütte.

Klettersteig zum Großen Bettelwurf.

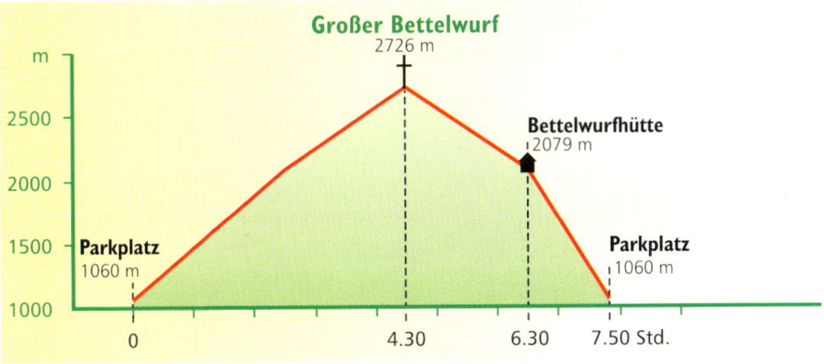

»Luftige Momente« am Großen Bettelwurf.

Vom Parkplatz am **Bettelwurfbrünnl** folgen wir einem markierten Bergweg gegen Norden in den Wald hinein und gleich über den Bach hinweg. Dahinter halten wir uns rechts (gegen Osten) und steigen in steile, breite Reißen hinein. Der Weg verzweigt sich, und wir gehen links mühsam durchs Geröll hinauf. Die Spur quert das breite Geröllkar nach links und führt in felsdurchsetztes Latschengelände hinein. Die weitere Route steigt gegen Norden am Alten Schlag auf, an einigen ausgesetzten Stellen am Drahtseil und in vielen Kehren bis zur Höhe von 2000 m, wo nach rechts ein Weglein abzweigt. Wir drehen gegen Nordosten ab und lassen die Bettelwurfhütte auf 2079 m links liegen, um zu einer Geländerippe westlich des Bettelwurfkarls hinaufzugehen. Über diese streckenweise etwas ausgesetzte Rippe plagen wir uns nun, bis bei etwa 2400 m der mit Drahtseilen und Griffen gut ausgebaute Klettersteig beginnt. Dieser zieht sich bis zum Gipfelgrat steil und streckenweise luftig dahin. Kurz unter dem Gipfelgrat gibt es zwei Möglichkeiten. Wir können uns rechts halten, durch steilen Fels am Drahtkabel hinaufkraxeln und über einen ausgesetzten Grat zu einer Pyramide aus Eisenträgern hinaufsteigen.

Oder wir bleiben in einer felsigen Rinne und kommen, ebenfalls steil, aber etwas leichter, auf den Grat hinauf. Ihm folgen wir ziemlich ausgesetzt ein paar Meter bis zum Gipfelkreuz des **Großen Bettelwurfs**, wo es bequeme Rastplätze gibt.
Normalerweise wird entlang der Aufstiegsroute, mit Abstecher zur **Bettelwurfhütte**, abgestiegen. Wer robustes Schuhwerk hat, kann durch die steilen Schotterreißen unter dem Alten Schlag abfahren. Wegen der Steinschlaggefahr machen wir das aber bitte nur, wenn unten niemand zu sehen ist.
Schneidige Bergsteiger gehen am stellenweise arg ausgesetzten Steig zum Kleinen Bettelwurf (2650 m) hinüber und auf der Grathöhe weiter, bis nach links eine lange Rippe gegen Süden hinabführt. Ihr folgt man bis zur Hütte.

In der sonnigen Bergflanke lädt die Bettelwurfhütte zu Einkehr und Übernachtung.

29 Rappenspitze, 2223 m

Über Dristlalm und Lunstsattel ★★

Bei den Steinböcken

Zu den wirklich großen, modernen Karwendeltouren gehört die Rappenspitze nicht. Dazu sieht ihr scharfer Gipfelzahn von Norden viel zu schnittig aus, fast ein wenig Furcht einflößend. Man kann es ja kaum glauben, dass dort eine Route hinaufführt, und deshalb wird eine Tour auf diesen Gipfel meist begraben, ehe der Gedanke daran überhaupt ausgereift ist. Dabei ist der Aufstieg auf der hier beschriebenen Wegstrecke wahrlich nicht schwierig, denn der geschickt angelegte Anstieg nützt die schwachen Stellen des Berges aus. Etwas anders sieht es auf der vorgeschlagenen Rückzugsroute aus. Dort finden wir einen kurzen, aber niveauvollen Klettersteig, der dem Alpinisten beim Abstieg doch noch einen kräftigen Schuss Adrenalin verordnet. Außerdem verlangt er Trittsicherheit und Schwindelfreiheit. Wer die lange, beschriebene Rundwanderung gehen will, braucht obendrein eine gute Kondition.

KURZINFO

Talort: Pertisau, 952 m. Steriler Touristenort am Südwestufer des Achensees.
Ausgangspunkt: Falzthurnalm, 1089 m. Bahnverbindung von Jenbach, Busverbindung von Jenbach und Achenkirch nach Pertisau. In der Wandersaison am Wochenende und an Feiertagen Busverbindung von Tegernsee bis zur Abzweigung zur Falzthurnalm von der Mautstraße. Schiffsverbindungen über den Achensee.
Gehzeit: 6.40 Stunden.
Höhenunterschied: 1198 m.
Anforderungen: Aufstieg einfach, Abstieg etwas anspruchsvoller und arg weit, vor allem der Rückweg im Tal.
Einkehr: Gramaialm.

Der markierte Wanderweg, der von der **Falzthurnalm** (1089 m) gegen Südosten in den Wald hineinführt, ist Richtung Stanser Joch beschildert. Wir folgen ihm in das steile Kar zwischen Hirschenkopf und Dristkopf und weiter zu dem kleinen See bei der **Dristlalm** auf der Höhe von 1644 m. Im stillen Wasser lassen sich gut die Bergmolche mit ihrem orangefarbigen Bauch beobachten. Gleich oberhalb der Almhütte

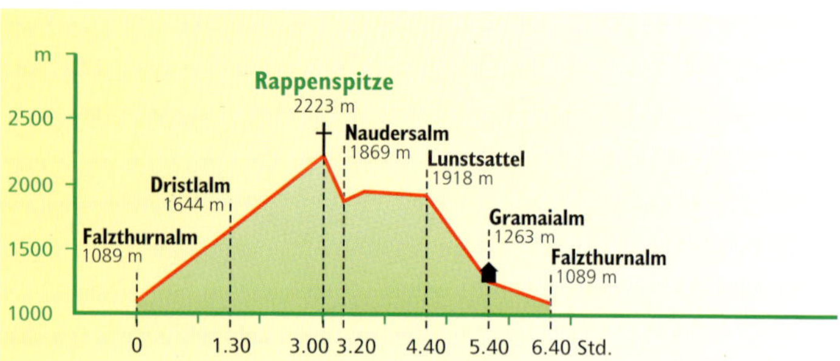

schwingt sich der Bergweg wieder steil auf, bringt uns gegen Süden in lichtem Lärchenwald zu einem Höhenrücken. Nur kurz steigen wir abwärts, um gleich darauf auf einem scharfen Grat hoch über dem Brunntal ein Geröllfeld zu betreten. Dort haben die Steinböcke einen Lieblingsplatz. Wir halten uns am Steig rechts, durchqueren den Geröllhang und erreichen die ausgedehnte Mulde des Nauderer Kars. Der Weg verzweigt sich, und wir drehen rechts ab, um auf dem langen Nordrücken der Rappenspitze weiter aufzusteigen. Geologisch interessierten Wanderern wird ein kurzer Wegabschnitt auffallen, auf dem im Dolomitgestein dunkler Ölschiefer zu finden ist, ein Band, das sich fast durch das ganze Karwendel zieht. An einigen Stellen wird der Schiefer abgebaut (Ölbrennerei am Achensee). Das letzte Stück des

Eindrucksvolle Felslandschaft an der Rappenspitze, der Gipfelzahn ragt in der Bildmitte auf.

Aufstiegs bringt uns steil zum Gipfelkreuz der **Rappenspitze** hinauf. Der Rückweg wird spannend. Zuerst steigen wir am Südrücken auf einem schönen Pfad ab, der uns zunächst über feines Geröll bringt. Später kommen wir zu scharfen Felsen, und der Steig ist klettersteigmäßig mit Seilen und Krampen gut ausgebaut. Nach dieser luftigen Etappe verbreitert sich der Bergrücken. Auf markiertem Wanderweg verlassen wir ihn nach links, um in weitem Bogen zur Naudersalm (1869 m) abzusteigen. Der Pfad schwingt sich nun knapp 100 Höhenmeter zum Rizuelhals (1943 m) auf. Im Sattel halten wir uns rechts und verlassen den guten, breiten Bergweg, um auf einem schmalen Pfad durch Wiesen und Latschengebüsch gegen Westen, zum **Lunstsattel** (1918 m), weiterzugehen. Aus dem Sattel fällt der Abstiegsweg durch eine Talmulde bis in den Gramaier Grund ab. Noch bevor wir im weiten Talboden ankommen, gabelt sich der Weg. Dort schwenken wir rechts ab, gehen zur Wirtschaft **Gramaialm** bis 1263 m Höhe hinaus und auf dem Wanderweg neben der Mautstraße zum Ausgangspunkt bei der **Falzthurnalm** zurück.

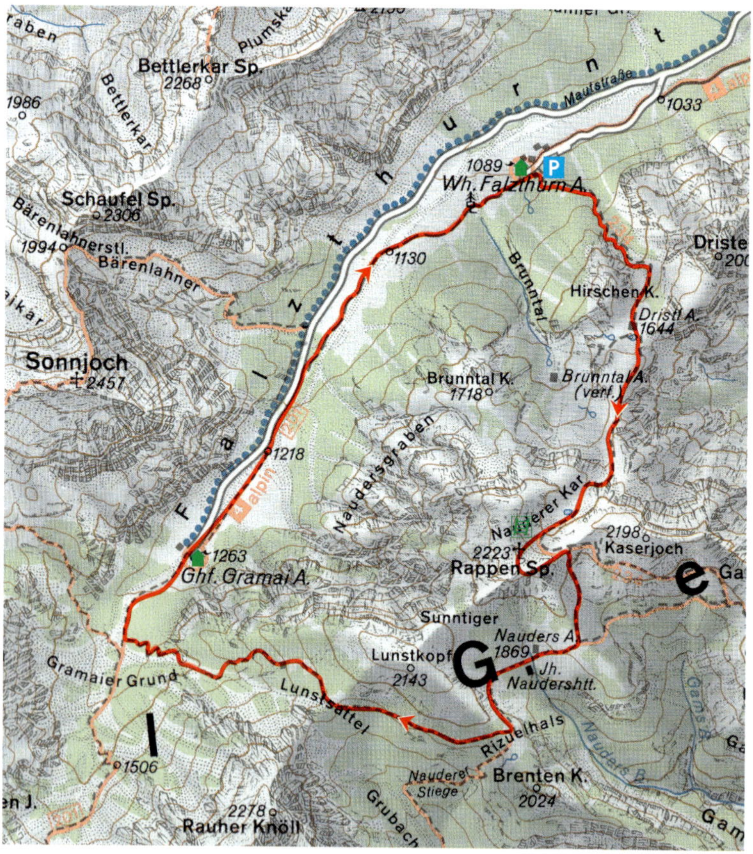

30

Stanser Joch, 2102 m

Von Maurach durchs Weißenbachkar

★★

Zwischen Achensee und Inntal

Eigentlich kann man auf das Stanser Joch recht bequem hinaufgehen. Dazu muss man sich nur mit der Seilbahn von Pertisau zum Zwölferkopf schaukeln lassen, anschließend kann man locker zum Joch hinaufspazieren. Interessanter ist der Fußweg von Pertisau herauf, der sogar durch einen Felstunnel führt. Am lohnendsten aber ist die hier vorgestellte Route, eine lange Überschreitung, die am Ausgangspunkt endet. Vom Gipfel zeigt sich das Karwendelgebirge besonders schön. Blickfang ist dabei der zackige Hochnisslgrat. Ansprechend ist aber auch der Blick ins meist trübe Rofangebirge, hinunter zum Achensee und ins Inntal, über dem die Tuxer Voralpen behäbig ansteigen. Wenn es klar ist, sieht man in der Ferne bis in die Zillertaler Alpen. Die vorgestellte Abstiegsroute führt viel durch Wald, ist also – bis auf einige schöne Blicke – nicht ganz so aussichtsreich wie der Aufstieg, aber sie kommt an die wirklich beachtliche Weißenbachklamm heran. Die Tiefblicke vom Steg in die enge Klamm sollte man sich keinesfalls entgehen lassen.

KURZINFO

Talort: Maurach, 975 m. Fremdenverkehrsort am Achensee-Südufer.
Ausgangspunkt: Lärchenwiese, 985 m. Bahnverbindung von Jenbach, Busverbindung von Jenbach und Achenkirch. In der Wandersaison am Wochenende und an Feiertagen Busverbindung von Tegernsee. Schiffsverbindungen über den Achensee.
Gehzeit: 6.05 Stunden.
Höhenunterschied: 1117 m.
Anforderungen: Unschwierig.
Einkehr: Weißenbachhütte, Weißenbachalm.

Tiefblick in die Weißenbachklamm.

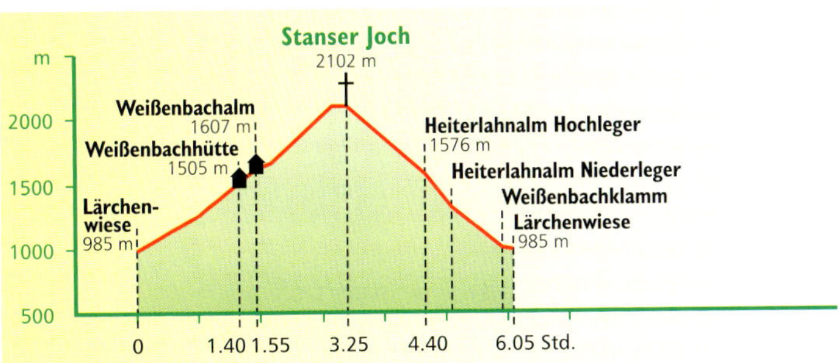

Tierischer Empfang auf der Weißenbachalm.

Vom Ortsteil **Lärchenwiese** (985 m), wo es nur begrenzte Parkmöglichkeiten gibt, folgen wir dem Fahrweg gegen Südwesten in den Wald. Er steigt leicht an und bringt uns unter den Felsmauern des Bärenkopfs in das stille Weißenbachtal. Bei der Straßenverzweigung gehen wir geradeaus weiter, an der abgesperrten Schranke vorbei. Der Fahrweg wendet sich in ein paar weiten Kehren auf der südlichen Talseite den Hang hinauf und führt dann auf der Höhe von 1250 m durch eine Furt wieder auf die Nordseite des Tals. In vier Kehren steigt er deutlich an, um gegen Westen bis zur malerischen **Weißenbachhütte** (1505 m, Jausenstation) zu verlaufen. Dort endet der Wald.

Über freie Weidehänge gehen wir das letzte Stück des Sträßchens, bis dieses bei der schön gelegenen **Weißenbachalm**, ebenfalls eine Jausenstation, auf der Höhe von 1607 m endet. Hinter der Alm steigt das Weißenbachkar steil an. Ein breiter Bergweg führt kurz auf das Kar zu, schwenkt aber bald nach rechts, gegen Nordwesten, über freie Hänge zu einem Weidegatter und in den grünen Sattel zwischen Bärenkopf und Blasermahdegg (1655 m). Dort verzweigen sich die Wege. Wir gehen links auf dem markiertem Pfad in lichten Lärchenwald. Bald mischen sich Latschen unter die Lärchen, wir halten auf das Blasermahdegg zu, an einer Gedenktafel vorbei und am Höhenrücken weiter mäßig steil aufwärts. Der schöne Bergweg verlässt den lichten Wald und den Höhenrücken nach links und führt unter dem Blasermahdegg am Rande des Weißenbachkars neben einem zackigen Felsgrat mäßig steigend gegen Südwesten. Dort leben ein paar ausgewilderte Steinböcke, die keine Jagd kennen und fast zahm sind.

Der Weg steigt weiter oben deutlich an, bringt uns am oberen Rand des Kars über steile Wiesen und schwenkt kurz vor einem Gratsattel nach links, gegen Süden ab. Bald darauf erreichen wir den breiten Bergkamm westlich des Stanser Jochs. Dort, auf 2095 m Höhe verzweigt sich die Route ein paar Mal, und wir folgen dem breiten Rücken gegen Osten. Die Trittspur führt an einem gewaltigen Schneefangzaun und einer hässlichen Antennenanlage vorbei, und dann erreichen wir das große Gipfelkreuz des **Stanser Jochs**.

Vom Gipfelkreuz steigen wir gegen Osten ab, überschreiten also den breiten Höhenrücken in der gleichen Richtung. Wenn wir etwa 100 Höhenmeter über steinige Wiesen zurückgelegt haben, breitet sich wieder Latschengebüsch aus. Auf der Höhe von 1900 m biegen wir vom Gratverlauf nach links (gegen Nordosten) ab. Dort sind die Blicke nach Maurach und Eben, vor allem aber zum Rofan am schönsten. Das schmale Weglein quert anfangs steil abfallende Wiesenhänge und fällt dann selber stark über feuchte, lehmige Wiesen ab. Dort muss man also aufpassen, dass man nicht unfreiwillig auf dem Hinterteil landet. Weiter unten kommen wir wieder in Latschenbuschwerk, und der Pfad schlängelt sich steil hinab zum malerischen Halsl, in dem auf 1576 m der Heiterlahnalm-Hochleger steht.

Im Halsl zweigen wir rechts ab und folgen dem Bergweg in eine Hangmulde hinein. Durch sie schlängelt er sich steil gegen Nordosten hinunter zum Heiterlahnalm-Niederleger (1310 m). Er bringt uns in steilen Kehren zu einer Waldlichtung, wo sich die Route verzweigt. Wir folgen den Wegtafeln nach links, in Richtung Maurach, und kommen bald darauf zu einer schmalen Schotterstraße. Sie fällt eine lange Strecke steil ab und verzweigt sich oberhalb des Tiefentaler Grabens. Dort bie-

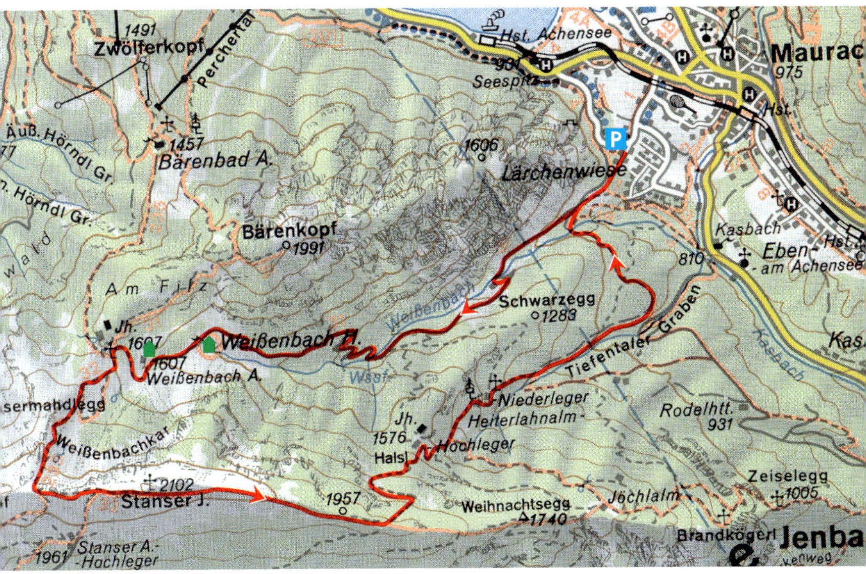

gen wir nach links ab und gehen den Wegweisern Richtung Achensee nach. Diese Straße steigt kurz wieder an und bringt uns dann ziemlich eben durch den Wald, bis beim Straßenknick ein Wanderweg ansteigt. Auf diesem befestigten Waldweg steigen wir im steilen Waldhang auf. Am Scheitelpunkt der Strecke ist sogar ein Drahtseil gespannt, obwohl das für einigermaßen routinierte Wanderer wahrlich nicht erforderlich wäre. Nach einem felsigen Gratausläufer fällt der schattige Weg ins Weißenbachtal ab. Dort verläuft er kurz talauswärts, dann auf einen Steg hoch über der gigantischen **Weißenbachklamm** (990 m) zur anderen Talseite. Wir gönnen uns die beachtlichen Tiefblicke und steigen auf der Fahrstraße wieder auf, halten uns an beiden Verzweigungen rechts und erreichen wieder den Ausgangspunkt im Mauracher Ortsteil **Lärchenwiese**.

Blick über den Heiterlahnalm-Hochleger nach Maurach und ins Rofangebirge.

Gilfert, 2506 m

Überschreitung zum Metzen

★★

Auf Gilfert und Metzen

Die Forststraßen im talnahen Wald und die weitläufigen, freien Berghänge über den Almen eignen sich besonders für den Tourenskilauf. Deshalb ist der Gilfert einer der Parade-Skitourenziele der Tuxer Alpen. Im Sommer ist es auf diesem Gipfel zwar etwas ruhiger, doch Geheimtipp ist er längst keiner mehr. Zur hochrangigen Aussichtswarte macht ihn die exponierte Lage im langen Bergkamm, der sich vom Rastkogel und Kellerjoch zwischen dem Nurpenstal und dem Finsinggrund hinzieht. Die rundum freien Ausblicke, bis weit in die Zillertaler Alpen, ergeben sich daraus. Selbst wenn man den Abstecher zum Nachbargipfel Metzen ins Programm nimmt, zu dem keine Karte einen Zugang eingezeichnet hat, drohen keine besonderen alpinistischen Herausforderungen. Nur etwas Ausdauer ist für diesen Exkurs erforderlich, denn der Rückweg auf der langen Almstraße durch das Nurpenstal zieht sich hin. Und er frustriert den Fußgänger, weil immer wieder Auto- und Motorradfahrer das Fahrverbot ignorieren.

KURZINFO

Talort: Weerberg, 900 m. Bergdorf mit Fremdenverkehrs-Schwerpunkt.
Ausgangspunkt: Innerst, 1283 m. Busverbindung von Schwaz nach Weerberg. Von dort 5 km.
Gehzeit: 6.10 Stunden.
Höhenunterschied: 1293 m.
Anforderungen: Unschwierig, aber lang.

Heumanndl bei der Nonsalm.

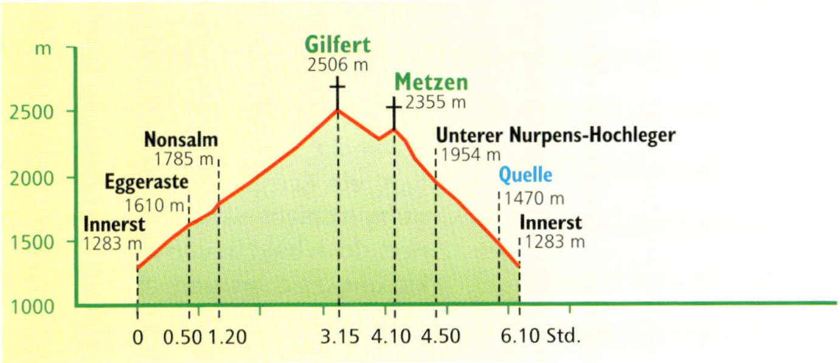

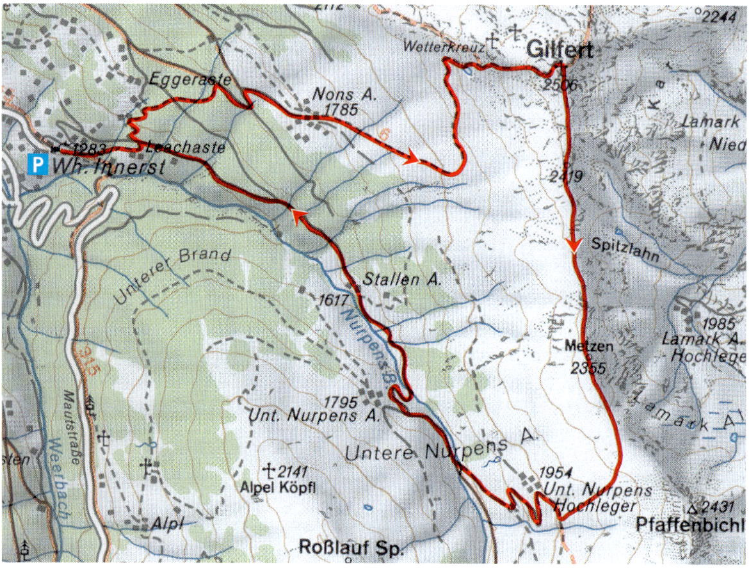

Vom Parkplatz in **Innerst** folgen wir der anfangs asphaltierten Forststraße an der Jausenstation vorbei durch zwei Kehren zum Wasserbehälter hinauf. Dort knickt die Straße links ab, führt bald darauf nochmals durch eine Kehre und dann lange geradeaus gegen Osten im Wald hinauf. Trotz der Beschilderung ist die Abzweigung auf der Höhe von 1420 m nach links in den Wald hinein leicht zu übersehen. Deshalb passen wir auf, dass wir den Ziehweg finden, der sich bei der Lechaste ziemlich steil aufschwingt. Nach etwa 10 Minuten erreichen wir auf 1490 m Höhe bei der untersten Hütte der Eggeraste eine Lichtung, an deren rechtem Rand wir weiter aufsteigen, bis sich der Ziehweg wieder in den Wald hinein wendet. Nach dem mühsamen Waldanstieg kommen wir abermals zu ein paar Hütten. Dort folgen wir am Waldrand dem Wiesenweg, der sich zu einer schmucken Hütte aufschwingt, wo Forststraßen erreicht werden. Unser Anstieg führt nun auf der breiten Straße in den Wald hinauf, bis sich der Fahrweg nach etwa 5 Minuten auf 1630 m Höhe verzweigt. Bei den Wegtafeln halten wir uns rechts, Richtung Nonsalm, und nach etwa 20 Minuten verzweigt sich die Almstraße schon wieder. Dort, an der Waldgrenze, halten wir uns wieder rechts und gehen zwischen den Mahdwiesen gegen Südosten zur **Nonsalm** (1785 m) hinauf.

Unsere Route führt nun durch die kleine Almsiedlung hindurch und ein längeres Stück in der gleichen Richtung weiter, mit freien Blicken über das Nurpenstal und bis hinter zum Rastkogel. Die Fahrspur endet auf der Höhe von 1950 m. Dort schwenkt nach links (gegen Norden) ein Bergpfad ab. Die Abzweigung ist nicht ganz leicht zu erkennen, doch bald finden wir gute Markierungszeichen und einen deutlichen Pfad. Zwischen Alpenrosen-Buschwerk bringt er uns über ein paar Bäche den gegliederten Berghang hinauf, bis er knapp unter der 2200-Meter-Linie gegen Norden abschwenkt. Wir sehen jetzt gut zum Gipfelkreuz hinauf. Wer sich täuschen lässt, glaubt, dass es bis dort gar nicht mehr weit hinauf wäre. Doch der Schein trügt, das Kreuz ist so riesengroß, dass man es zum Greifen nahe glaubt, und doch haben wir noch 300 Höhenmeter hinauf, also fast eine Stunde. Das heißt, dass wir unsere Kräfte einteilen sollten.

Unter dem Wetterkreuz, das hoch oben auf einem Gratzacken steht, vereint sich unsere Route mit dem Weglein, das von Hausstatt heraufkommt. Gemächlich steigen wir durch ein System von Gräben und Rücken gegen Osten bis zum zweigeteilten Gipfel des **Gilfert** hinauf. Auf dem linken, dem nördlichen Zacken steht das Gipfelkreuz. Die zweite Gipfelhälfte ist südlich davon als Wiesenkuppe zu finden. Welcher höher ist, ist schwer zu beurteilen.

Wir gehen über den Südgipfel auf einer Trittspur am zerklüfteten Gipfel-Südgrat in ständigem leichtem Auf und Ab weiter und kom-

Der Gipfel des Gilferts gegen das Inntal.

men in einen weiten Gratsattel auf der Höhe von 2285 m. Von ihm steigen wir ein paar Meter, etwa 5 Minuten lang, durch Felsgelände steil aufwärts (leicht), kommen in Wiesenhänge und auf einen flachen, grünen Rücken. Der Hang schwingt sich wieder auf und endet am Gipfel des **Metzen** (2355 m).

Vom zweiten Gipfelziel folgen wir dem breiten Gratrücken leicht abwärts gegen Süden, also in der gleichen Richtung. Ohne erkennbare Wegspur steigen wir ab, bis wir auf 2270 m Höhe in den Sattel vor dem felsigen Pfaffenbichl kommen. Im Sattel schwenken wir rechts ab und gehen durch die steilen, felsigen Hochweiden weglos nach Westen hinunter, bis wir das weithin sichtbare Fahrwegesystem auf der Höhe von 2125 m erreichen. Wir folgen dem Sträßchen am Unteren Nurpens-Hochleger (1954 m) vorbei in das Nurpenstal, das wir am Wasserbauwerk (1795 m) erreichen. Die Fahrstraße zieht sich von dort schier endlos gegen Nordwesten durch das Nurpenstal hinaus, führt an der Stallenalm und einer gefassten Quelle (ca. 1470 m) vorbei, bis sie sich mit der Anstiegsroute vereint, auf der wir nach **Innerst** zurückgehen.

Im Nurpenstal. gegen Karwendel

Rastkogel, 2762 m

Über die Rastkogelhütte und durch das Sidanjoch ★

Der weite Weg zum Rastkogel

Von Hippach-Schwendau steigt aus dem Zillertal gegen Nordwesten das Sidantal an. Dort finden wir einige interessante Wandergipfel. Der bekannteste und höchste dieser Auswahl ist der Rastkogel. Vor Jahren, als es die Seilbahnen zum Penken und zum Lämmerbichl noch nicht gab, war es am Rastkogel einigermaßen still. Doch mit den Seilbahnkabeln sind die Massen gekommen, und heute ist der Gipfel bei schönem Wetter überlaufen. Einigermaßen still ist unser Weg geblieben. Dieser verläuft nämlich weitab der Bergbahnen, ja wir bekommen sie nicht einmal zu sehen. Trotzdem brauchen wir – jedenfalls was den Höhenunterschied angeht – keine Höchstleistungen zu vollbringen. Auf der Zillertaler Höhenstraße können wir nämlich fast bis 1900 m Höhe mit dem Auto hinauffahren. Nur die Entfernung ist noch beachtlich, und das ständige Auf und Ab, zwei Stunden lang, mag den einen oder anderen durchaus frustrieren.

Gipfelblick zum Rastkogel.

KURZINFO

Talort: Hippach, 608 m. Einst Bauerndorf, heute auch Touristenort im Zillertal.
Ausgangspunkt: Zillertaler Höhenstraße, 1890 m. Busverbindung von Hippach. Nach Hippach Bahnverbindung von Jenbach.
Gehzeit: 6.00 Stunden.
Höhenunterschied: 872 m.
Anforderungen: Unschwierig.
Einkehr: Rastkogelhütte.

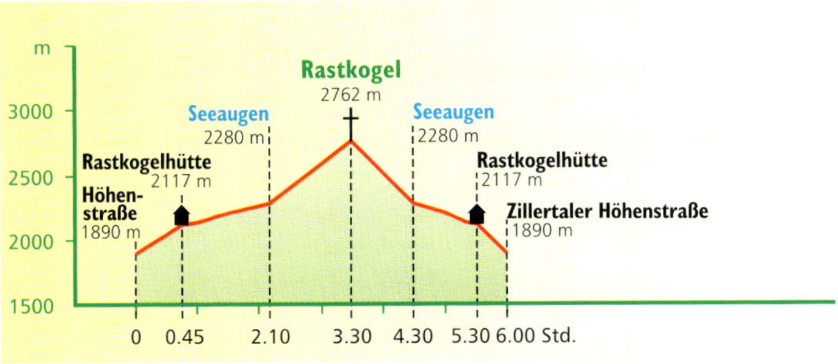

Die Rastkogelhütte.

Beim Parkplatz an der **Zillertaler Höhenstraße** beginnt ein Fahrweg neben der Atlas-Sportalm. Er führt gegen Nordwesten zur Rastkogelhütte. Alternativ kann man auch auf den Wanderweg ausweichen, der in der nächsten scharfen Rechtskehre von der Straße abzweigt und ebenfalls zur **Rastkogelhütte** führt.
Hinter der Hütte bringt uns der Anstiegsweg an einem kleinen See vorbei und in mehrmaligem leichten

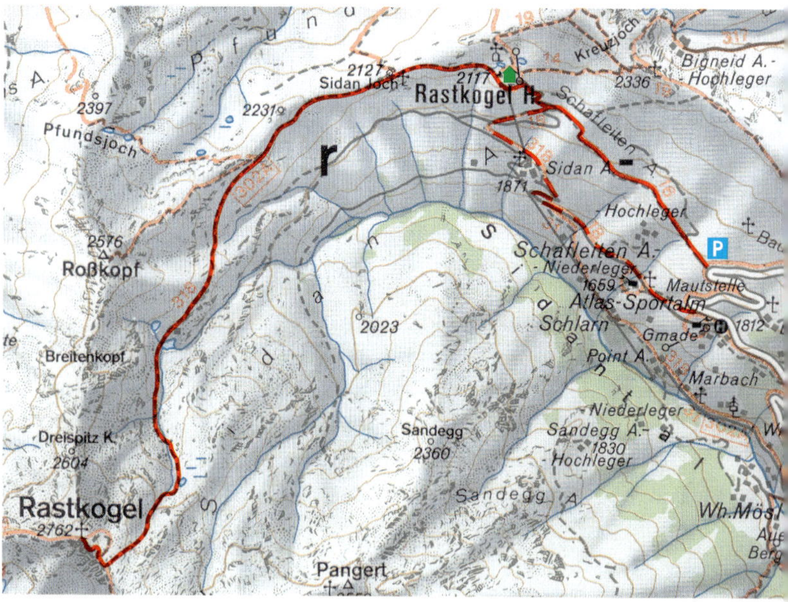

Auf und Ab gegen Westen in das Sidanjoch (2127 m), wo der Wind oft unangenehm durchpfeift. Im Joch gehen wir gegen Westen weiter und folgen dem breiten Rücken in einem weiten Linksschwenk, ständig auf und ab, bis wir an einigen kleinen Seeaugen vorbeikommen. Später, unter dem Roßkopf, verzweigt sich die Route. Wir halten uns links, gegen Süden, und kommen leicht abwärts zu zwei kristallklaren Seen.

Der markierte Bergpfad führt zwischen diesen Seen hindurch, verläuft noch ein kurzes Stück eben dahin, und dann geht es endlich bergauf. Pinselschwingende Wegmarkierer haben sich dort ausgetobt und die Strecke rot angemalt. Wir folgen den unzähligen Farbklecksen gegen Süden. Am Rande eines Blockfeldes müssen wir etwas links abdrehen, um neben dem schmalen Bach weiterzugehen. Anschließend halten wir uns wieder etwas rechts und steigen durch eine meist firngefüllte Rinne steil bergauf. Deutliche Trittspuren und zahllose Markierungszeichen leiten uns kurz nach Südwesten hinauf. Im steinigen Berghang schwenkt die Anstiegsroute wieder gegen Nordwesten ab und an den Gipfelhang heran. Der Bergweg steigt wieder stark an, bis wir – zuletzt ein paar Schritte etwas unbequem im Felsbereich – den Gipfel des **Rastkogel** erreichen.

Der Abstieg erfolgt entlang der Aufstiegsroute.

Kleiner See hinter der Rastkogelhütte. Der Weg zum Rastkogel (am rechten Bildrand) ist noch weit.

33 Mittlere Grinbergspitze, 2867 m

Über den Nordostgrat ★

Schneidig zu den Grinbergspitzen

Wer vom Tuxer Tal über die schmucke Gamshütte auf die Vordere und vielleicht sogar noch auf die Mittlere Grinbergspitze steigt, wird sich wundern, wie schnell er den stattlichen Höhenunterschied von fast 1800 Metern schafft. Voraussetzung ist aber eine einwandfreie Kondition. Alle Routenabschnitte sind ziemlich steil, und deshalb gewinnt man schnell an Höhe. Trotzdem sollte man diese Bergtour, damit sie nicht zu einem Gewaltunternehmen wird, auf zwei Tage aufteilen. Die Wirtin der von der Alpenvereinssektion Otterfing renovierten Gamshütte freut sich über jeden Gast. Die Unternehmung lässt sich in mehrere typische Etappen aufteilen. Zunächst einmal sind da die steilen, verkrauteten Lawinenhänge bis zur Gamshütte hinauf. Anschließend finden wir einen steilen Nordostrücken und darüber einen Blockgrat, auf dem man gelegentlich ein bisschen hinlangen muss (I), bis man an der Vorderen Grinbergspitze ankommt. Der Übergang zur Mittleren Grinbergspitze ist rassiger. Auf etwa 100 Entfernungsmeter kommt man sogar an den oberen Rand eines Gletschers heran. Der Gipfelaufstieg wird einigermaßen luftig. Bei geschickter Routenwahl kommt man mit der Schwierigkeit I+ locker aus. Lohnend ist die Tour vor allem wegen der interessanten Rundschau auf den Zillertaler Hauptkamm.

Die kleine Gamshütte der Alpenvereinssektion Otterfing.

KURZINFO

Talort: Finkenberg, 839 m. Rätoromanische Siedlung mit sehenswerter Leonhardkirche.
Ausgangspunkt: Rosengartenbrücke, 1070 m. Busverbindung von Mayrhofen, nach Mayrhofen mit der Zillertalbahn von Jenbach.
Gehzeit: 9.20 Stunden.
Höhenunterschied: 1797 m.
Anforderungen: Unschwierig, aber Trittsicherheit und Schwindelfreiheit von Vorteil.
Einkehr: Gamshütte.

Rast auf der Vorderen Grinbergspitze.

Vom kleinen Parkplatz am Beginn des Fahrweges auf der Südseite der **Rosengartenbrücke**, noch vor dem Sperrschild am Fahrweg, folgen wir einem Sträßchen leicht ansteigend gegen Osten, bis am Waldrand nach knapp 10 Minuten der beschilderte Anstieg zur Gamshütte abzweigt. Der Steig führt wenige Meter im Wald und dann über Wiesenhänge steil hinauf, quert ein Sträßchen, bringt uns durch einen Laubwaldgürtel und in einer breiten, aber steilen Lichtung mühsam hinauf. Wieder kommen wir auf einen Fahrweg, dem wir ein kurzes Stück nach links leicht abwärts folgen, um auf einem Steg über den wilden Grinbergbach zu gehen. Gleich darauf biegen wir bei der Straßenverzweigung nach rechts zur Talstation der Materialseilbahn ab.
Dort halten wir uns wieder rechts und steigen gegen Süden in das Grinbergtal hinein. Nach einer kurzen Waldpassage gehen wir im steil ansteigenden Lawinental gegen Süden hinauf und kommen zu einem Schottersträßchen. Der Einfachheit halber folgen wir dem Fahrweg zur

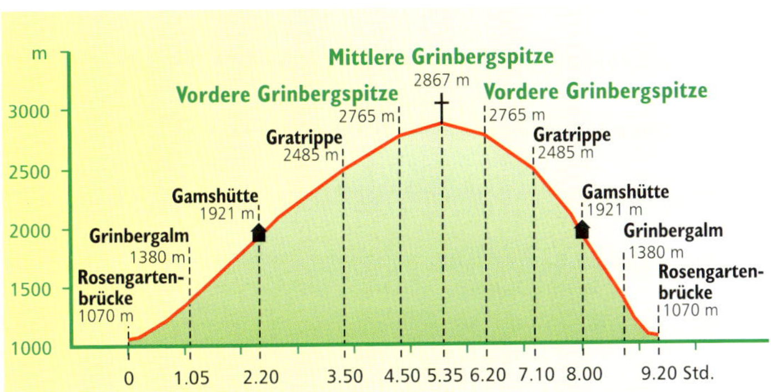

Grinbergalm hinüber, gehen an der Alm und der Jagdhütte vorbei und folgen dem Verlauf der vielen ausholenden Kehren durch das Grinbergtal. An markierter Stelle verlassen wir das Sträßchen und steigen am markierten Steig auf, der sich durch das immer steiler werdende Grinbergtal zwischen Erlen- und Latschengebüsch hinaufschlängelt, bis er auf eine Jagdhütte neben der Materialseilbahn stößt. Dort legt sich der Hang zurück, wir gehen an der Wegverzweigung rechts, und es sind nur noch ein paar Minuten zur **Gamshütte** (1921 m) hinauf.

Die Hütte verlassen wir auf einem markierten Bergpfad in südwestlicher Richtung. Er folgt dem Verlauf einer steilen Geländerippe und verzweigt sich nach etwa 20 Minuten auf 2080 m Höhe. Bei den Wegtafeln halten wir uns rechts und gehen über den Höhenrücken weiter steil bergauf. Im Alpenrosenbuschwerk bringt uns der mit roten Punkten markierte Pfad schnell hinauf, wird aber immer felsiger, bis er auf eine quer verlaufende Gratrippe auf 2485 m Höhe stößt. Dort öffnen sich interessante Ausblicke zu den Gipfelfelsen und zum Zillertaler Hauptkamm.

Wir halten uns rechts, gehen auf der Grathöhe im Blockwerk mehrmals gegen Nordwesten leicht auf und ab dahin und achten sorgfältig auf die Markierungspunkte. Mühsam plagen wir uns über die Felsenblöcke hinauf, und an den paar Einserstellen haben wir beide Hände voll zu tun. Die Route wendet sich weiter oben zur linken Gratseite hinüber, und im groben Geröll finden wir sogar wieder eine Wegspur. Der Aufstieg ist dort technisch zwar einfacher, aber nicht weniger mühsam. An einem markierten, aufge-

Am Weg zu den Grinbergspitzen.

stellten langen Stein halten wir uns links und hüpfen über riesige Felsenblöcke, aber nun weniger steil, auf das Gipfelkreuz der **Vorderen Grinbergspitze** zu. Unmittelbar unter dem Gipfel müssen wir nochmals die Hände aus den Hosentaschen nehmen, um die letzten Meter zum 2765 m hohen Gipfel hinaufzukraxeln. Das ist noch mal ein kurzer »Einser«.

Wer sich auch noch die Mittlere Grinbergspitze antun möchte, geht – nun ohne offiziellen Weg – vom Gipfelkreuz in mehrmaligem Auf und Ab am Blockgrat nach Südwesten weiter. Dabei kommt man an die eindrucksvollen Südostabstürze und den Grinberggletscher auf der Nordseite des Berges heran. Wir gehen nun vorsichtig, damit wir nicht in ein Schneeloch fallen, am oberen Rand des Gletschers dahin, bis nach rechts ziemlich steile Felsen ansteigen. Liegt dort noch Firn, müssen wir besonders aufpassen, dass wir im Schnee nicht stolpern und nach links hinunterpurzeln. Bei ungünstigen Bedingungen sollten wir Leichtsteigeisen anlegen. Bald darauf schwingt sich nach rechts eine Steilrinne auf, neben der wir anfangs links, später rechts mühsam hinaufkraxeln. Das Gelände wird wieder einfacher, und bald darauf kommen wir am Vermessungszeichen der **Mittleren Grinbergspitze**, auf der stolzen Höhe von 2867 m an.

Der Abstieg erfolgt entlang der Aufstiegsroute.

34 Seespitz, 2364 m

Über der Kühlen Rast ★

Zum »Firnrutschen« in das Schwarzachtal

In den östlichen Zillerkämmen gibt es hoch über der Gerlospassstraße einige nette Wanderungen, die schöne Ausblicke vornehmlich in die südlichen Kitzbüheler Alpen gewähren und nicht schwierig sind. Dazu gehört die hier vorgestellte Rundtour auf Brandberger Joch und Seespitz, die durch das Weißbachltal hinauf und durch den Schwarzachgrund wieder hinunterführt. Erst beim Abstieg, schon relativ weit unten, gibt es in der Jausenstation Untere Schwarzachhütte eine Möglichkeit zur Einkehr. Die Wanderung auf den schönen, aber unauffälligen Gipfel ist so leicht, dass sie eigentlich gut für Kinder geeignet wäre. Aber der Höhenunterschied ist doch beachtlich. Weite Teile der Route verlaufen auf Almstraßen. Anfang Juli, wenn die Alpenrosen blühen, liegt auf der beschriebenen Abstiegsroute mitunter noch ziemlich viel Lawinenschnee. Dann kann man dort gut auf den Stiefeln abfahren. Deshalb: Wander- bzw. Skistöcke mitnehmen. Auf der Tour lassen sich Abstecher zum Torhelm und sogar noch zum Brandberger Kolm (2700 m) durchführen.

KURZINFO

Talort: Gerlos, 1245 m. Reiner Touristenort.
Ausgangspunkt: Kühle Rast, 1191 m. Busverbindung von Zell am Ziller. Nach Zell mit der Zillertalbahn von Jenbach.
Gehzeit: 5.35 Stunden.
Höhenunterschied: 1180 m.
Anforderungen: Unschwierig.
Einkehr: Untere Schwarzachhütte.

Von der **Kühlen Rast** gehen wir auf einem Fahrweg im Wald gegen Südosten zum Wohnhaus am Waldrand und neben der rauschenden Schwarzach nach **Schwarzach-Bichl** (1220 m). Bei den Almen in Bichl biegen wir auf einem Fahrweg nach rechts aus dem Schwarzachgrund heraus und folgen der Straße in vielen Kehren zunächst gegen Westen, später nach Süden zur **Weißbachlalm** (1543 m).
Oberhalb der Alm wird die Straße etwas schmaler und bringt uns gegen Süden den Berg zum Weißbachlalm-Mittelleger hinauf. Beim

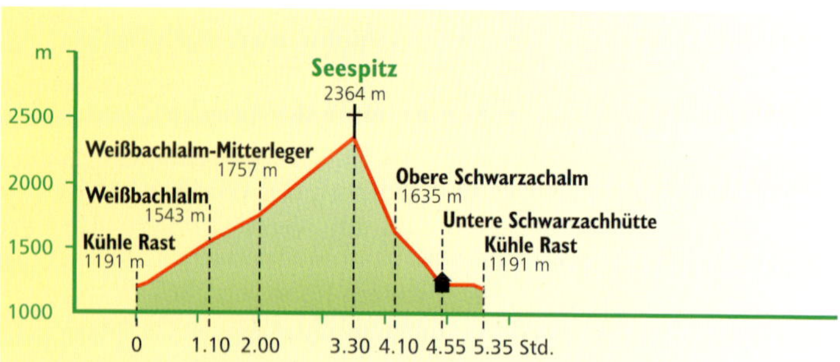

Mittelleger verzweigt sich der Fahrweg auf der Höhe von 1757 m. Wir gehen in einem Linksbogen eng um die Almgebäude herum und folgen dem markierten Sträßchen in einen Sattel auf etwa 1875 m. Dort verzweigt sich der Weg wieder. Wir halten uns rechts und folgen dem Pfad, der, an einer alten Hütte vorbei, zwischen stämmigen Zirben und Alpenrosenbüschen nach Südwesten in das obere Weißbachltal hineinführt. Den scharf geschnittenen Torhelm (2452 m) vor Augen queren wir den Bergbach auf dessen nördliche Seite hinüber. Zu Brandberger Joch und Seespitz steigen wir durch das Weißbachltal

Begegnungen beim Weißbachl-Mitterleger.

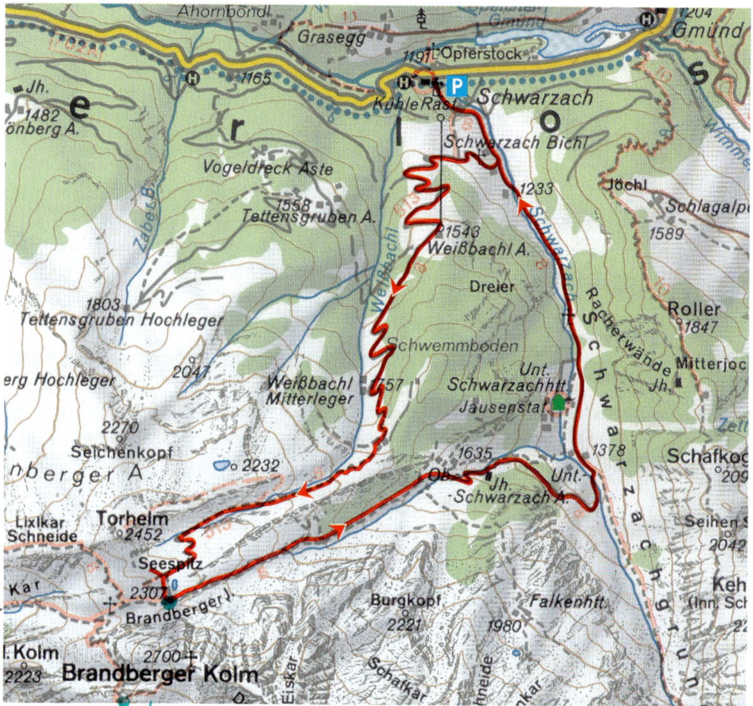

weiter hinauf, queren den Bach auf der Höhe von etwa 2200 m wieder auf die südliche Seite und gehen in ein paar Kehren entlang den deutlichen Markierungszeichen zum kleinen See hinauf. Von dort sind es nur 5 Minuten zum **Seespitz**, der seinen Namen von diesem Minisee hat, der über dem Brandberger Joch zu finden ist. Der Vollständigkeit halber muss es erwähnt werden: Auch der Brandberger Kolm (2700 m) lässt sich von hier auf einem schwer zu findenden Gebirgspfad noch besteigen. Dafür muss man trittsicher und schwindelfrei sein und vor allem auch eine hervorragende Kondition mitbringen.

Der Abstieg erfolgt durch den Talgrund, der parallel zum oberen Weißbachltal gegen Nordosten hinaus läuft. Wer also sicher auf den Beinen steht und etwas Mut hat, kann durch die ausgedehnten Firnfelder bis in den Juli hinein prima abrutschen. Mit Glück lässt's sich auf diese Weise fast bis zur Oberen Schwarzachalm (1635 m) hinunterfahren. Dort wird wieder ein Fahrweg erreicht, dem wir in Serpentinen gegen Osten folgen. Links unten liegt der grüne Talboden des Schwarzachgrunds, in dem malerisch die vielen Hütten der **Unteren Schwarzachalm** (1378 m) stehen. Die Straße führt daran vorbei und gegen Norden, in weitem Abstand von der Jausenstation zur Schwarzach hinab und neben dieser nach **Schwarzach-Bichl** hinaus, wo die Aufstiegsroute erreicht wird. Wir folgen ihr zur **Kühlen Rast** zurück und kehren natürlich im rustikalen Wirtshaus ein.

Schönbichler Horn, 3134 m

Überschreitung auf dem Berliner Höhenweg ★★★

Am Berliner Höhenweg

Ein Wandergipfel mit 3134 m Höhe! Das Schönbichler Horn macht das Unglaubliche möglich. Inmitten der wilden Zillertaler Gletscherwelt führt ein Weglein auf dieses – zugegeben, im Rund der Eisriesen etwas unscheinbar wirkende – aussichtsreiche Bergziel. Es ist erstaunlich, wie leicht sich dieser Dreitausender erreichen lässt. So etwas bleibt natürlich kein Geheimtipp, und zur Urlaubszeit kommen die Wanderer auf dem Berliner Höhenweg in Scharen. Wer sich das Schönbichler Horn vornimmt, sollte sich aber trotz der Einfachheit der Streckenführung darüber im Klaren sein, dass er auf Höhen von mehr als 3000 Meter aufsteigt. Das verlangt eine robuste Gesundheit. Außerdem ist die Route lang, wovon ein Blick auf die Karte überzeugt. Das gilt vor allem dann, wenn man sich die vorgestellte Rundtour über das Furtschaglhaus hinauf und die Alpenrosehütte hinunter vornimmt, für die man Trittsicherheit und Schwindelfreiheit braucht. Für diese Route sollte man eine Übernachtung auf einem der Berghäuser einplanen, sonst wird's vielleicht zu viel.

Zillertaler Gletscherwelt am Schönbichler Horn. Die Hochfeiler-Nordwand (Bildmitte) apert immer mehr aus.

Peterköpfl
Wesendle Kar
Friesenberg H.
2497
1903 Jh.
Bärnau A.
Grund
1926
Wesendlekar A.
1257
Breitlahner
Mautstelle
Jh. Karlshütte
Jausensta
1301
Klausen A.
Berliner Höhenweg
Gamsleiten
Albleg
Friesenberg A.
2036
Mautstraße
Schlegeis Alpenstr.
Zamser B.
Wesendle A.
2102
Spiegel K.
1520
Ahornhtt.
Zwiselkopf
2584
Spitzkarl
1805
minikus H.
Rest.
Auß. Spiegelkar
Bock
524
Speicher Schlegeis
(1782)
Inn. Spiegelkar
Spitzegg K.
Breites Kar
2321
Breitegg
Spiegelkamp
2511
Greiner Mauer
2883
Predig
Steinkar
Greiner Kar
Jausenstat.
Zamsgatterl
Schrofen Kar
Kl. Greiner
2959
Zamser Egg
2467
Marchklamm
Inn. Steinkarl
Scheiben Kar
Gr. Greiner
3201
2623
Reischberg Kar
Berliner Höhenweg
3179
Talggenkö
Kleiner Hochsteller
2860
Naßbachklamm
Schö
Hochstall
2466
2603
Totenkopf
Furtschagl K
1814
2928
Kälberlahner Sp.
2293
Furtschagl H.
Furtschagl B.
Hochsteller
3098
Schlegeis B.
Haupenhöhe
3041
2679
Haupental Sch.
In der Röte
2724
Auf der Stiege

KURZINFO

Talort: Breitlahner, 1257 m. Bergwirtschaft im Zemsergrund.
Ausgangspunkt: Zamsgatterl am Schlegeisspeicher, 1800 m. Busverbindung von Mayrhofen.
Gehzeit: 7.40 Std.
Höhenunterschied: 1334 m.
Anforderungen: Einwandfreie Kondition, Höhengewöhnung, etwas Trittsicherheit und Schwindelfreiheit.
Einkehr: Furtschaglhaus, Berliner Hütte, Gasthaus Alpenrose, Grawandhütte, Jausenstation Klausenalm.

Die erste Etappe der langen Bergtour, der ebene Fahrweg neben dem **Schlegeisspeicher**, ist etwas monoton. Aber am Ende des Sees, bei der Talstation der Materialseilbahn, schwingt sich dann der Berg auf. Der hervorragend ausgebaute Pfad verläuft neben dem Schlegeisbach nach Südosten den Bachgraben hinauf, dreht nach links (Osten) ab und stößt auf das **Furtschaglhaus** (2293 m).
Dort flacht der Berg ab, und die Anstiegsroute bringt uns in reizlose Geröllfelder. Aber die Ausblicke werden dort recht schön, vor allem zum benachbarten Möseler. Lange führt die Route durch das Furtschaglkar gegen Nordosten den Berg hinauf, bis sie auf der Höhe von 3081 m die Schönbichler Scharte erreicht. Dort biegen wir scharf links ab und steigen gegen Norden die letzten 10 Minuten auf einem Weglein durch Blockwerk zum Gipfel des **Schönbichler Horns** auf.
Natürlich kann man am Aufstiegsweg wieder talwärts gehen. Interessanter aber ist es, von der Schönbichler Scharte am Berliner Höhenweg gegen Nordosten abzusteigen. Der viel begangene Weg ist stellen-

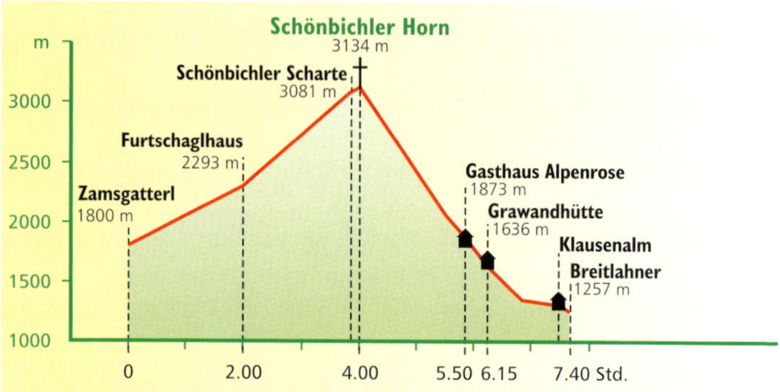

weise mit Drahtseilen gesichert und verläuft am Rande des zerrissenen Waxeggkeeses oberhalb des Garberkars dahin. Auf der Höhe von 2763 m verlassen wir den Ost-Nordostgrat des Schönbichler Horns und steigen steil in das Garberkar ab, in dem oft Schnee liegt. Anschließend schwenkt die Abstiegsrichtung nach Norden, und auf einem Moränenrücken gabelt sich der Weg. Dort müssen wir uns entscheiden, ob wir nach rechts (Osten) über die Berliner Hütte oder geradewegs nach Norden zum **Gasthaus Alpenrose** (1873 m) absteigen wollen, um auf dem Sträßchen die weite Strecke durch den Zemmgrund bis zum **Breitlahner** (1257 m) hinauszuwandern. Vom Breitlahner gibt es eine Busverbindung zum Ausgangspunkt am Schlegeisspeicher zurück.

Am Schlegeisbach.

Klobenjoch (Klobenjochspitze), 2041 m

Über die Dalfazer Alm

★★★

Geheimtipp am Klobenjoch

Es ist kaum zu glauben, dass es mitten im überlaufenen Rofangebirge einen Berg gibt, der, von einer Hand voll Kletterer abgesehen, so gut wie nie Besuch bekommt. Wir reden vom Klobenjoch, das über keine markierte Anstiegsroute verfügt. Auf den ersten Blick sieht dieser Berg auch nicht gerade wie ein Wandergipfel aus. Senkrechte Felsenwände und bizarre Gesteinsformationen lassen diesen Klotz für uns Wanderer nicht besonders interessant erscheinen. Umso mehr wird man sich wundern, wie einfach die Besteigung ist. Der gesamte Achensee, der scharf geschnittene Karwendelkamm und natürlich die benachbarten Berge des Rofans lassen sich hervorragend überblicken. Bis auf einen Meter ist die Wanderung leicht. Dieser eine Meter, bei dem man über einen schmalen Felsenspalt springt, erfordert ein klein wenig Mut. Wer den nicht hat, kann auch unten durchkraxeln. Oberhalb der Dalfazer Alm sind weite Strecken weglos, deshalb ist Orientierungsgabe notwendig. Der Abstieg über steile Grashänge erfordert entsprechende Vorsicht, vor allem bei nassem Wetter.

KURZINFO

Talort: Maurach, 975 m. Touristenort am Achensee.
Ausgangspunkt: Buchau, 940 m. Busverbindung von Jenbach und Achenkirch. In der Wandersaison am Wochenende und an Feiertagen Busverbindung von Tegernsee. Schiffsverbindungen über den Achensee.
Gehzeit: 4.05 Stunden.
Höhenunterschied: 1101 m.
Anforderungen: Etwas Trittsicherheit angenehm.
Einkehr: Dalfazer Alm.

Anstieg zur Dalfazer Alm, hinten das Klobenjoch.

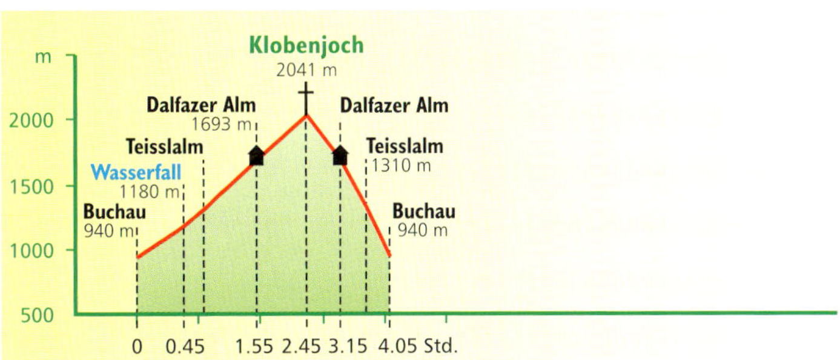

Die Gipfelrundschau vom Klobenjoch über den Achensee nach Pertisau und auf das herbstliche Karwendelgebirge.

Von **Buchau** (940 m) folgen wir den Wegtafeln in Richtung Dalfazer Alm. Der Pfad schlängelt sich durch den Wald hinauf, und bald erreichen wir eine beschilderte Abzweigung Richtung Dalfazer Wasserfall. Der kurze Abstecher zum Wasserfall lohnt sich sehr. Über eine Felsenwand tost auf 1180 m Höhe in einem beeindruckenden Naturschauspiel das Wasser herunter, und wir können ganz nahe hingehen, um dieses Ereignis zu bestaunen.

Der weitere Anstieg tritt aus dem Wald heraus, tangiert eine Forststraße und führt an der Teisslalm (lt. Karte »Untere Dalfaz Alm«; 1310 m) vorbei. In einer breiten, aber steilen Senke steigen wir nun immer in der gleichen Richtung steil bergwärts bis zur Jausenstation **Dalfazer Alm** auf der Höhe von 1693 m.

Gleich hinter der Bergwirtschaft halten wir uns im Wiesenhang auf einem schmalen Steig links, folgen ihm gegen Nordwesten und kommen in der Nähe der Kaltwasser-Jagdhütte in lichten Wald hinein. Kurz vor der Jagdhütte biegen wir in dieser malerischen Gegend weglos gegen Westen (links) ab und stoßen in eine weite, gegen Norden ansteigende Wiesenmulde, das Kühtalei. Neben markanten Felsklötzen wandern wir das Tälchen hinauf und queren unterhalb der Grathöhe nach rechts zu einer Trittspur hinüber. Sie führt ins Krummholz hinein. Der Steig ist mit einer Viehsperre versehen, über die wir hinweggehen. Bald darauf kommen wir nach links in die erste schmale Latschengasse. Weglos steigen wir nun mäßig steil zwischen den Latschenbüschen und neben tiefen Felsenrinnen gegen Norden weiter. Bald sehen wir zum kleinen Gipfelkreuz, zu dem wir geradewegs aufsteigen. Kurz unter dem Gipfel stoßen wir auf eine Felsenrinne, die

Das »geklobene« Joch.

sich an einer Stelle zu einem relativ schmalen Spalt (gut 1 Meter breit) verengt. Beherzt springen wir über diesen Felsenspalt oder kraxeln den Meter hinunter und drüben wieder hinauf. Gleich darauf stehen wir am Gipfel des **Klobenjochs**.

Der Abstieg erfolgt entlang der Aufstiegsroute. Man kann auch über den langen Gipfelrücken gegen Osten weitergehen. Aber Vorsicht! In jedem Fall sollte man vorher zu der Wegspur zurückgehen. Sonst kommt man unweigerlich in ein Labyrinth aus Latschendickicht und Dolinen, aus dem man nur schwer wieder herausfindet. Von diesen tiefen Gräben hat übrigens das Klobenjoch seinen Namen bekommen: Das geklobene (gespaltene) Joch.

Auf dieser Abstiegsvariante gehen wir am Weglein gegen Osten über Wiesen und durch Latschenbuschwerk weiter, bis nach rechts ein steiler Wiesenhang abfällt. Über diese Wiese kann man zwischen Felsenhängen vorsichtig zu dem Weglein absteigen, das vom Streichkopf herunterführt. Man erreicht es neben einer Viehtränke. Von dort folgen wir dem stark begangenen Wanderweg zur **Dalfazer Alm** hinunter und dem Aufstiegsweg ins Tal bis **Buchau** zurück.

37 Voldöppberg, 1510 m

Über den Nordhang ★

Am Brandenberger Joch

Die ruhigen Brandenberger Alpen sind ein Waldgebirge, das zu ausgedehnten und gemütlichen, auf den Gipfeln aber auch sehr aussichtsreichen Wanderungen einlädt. Sehen wir vom überlaufenen Pendling und dem Rofangebirge ab (das alpingeographisch auch zu den Brandenberger Alpen gerechnet wird), so sind die Bergeshöhen relativ unbekannt. Sie eignen sich schon zu Saisonbeginn, etwa ab Mitte Mai, für schöne Touren, weil sie nicht besonders hoch sind und deshalb der Winterschnee schneller abtaut als auf den Gipfelriesen. Der Voldöppberg ist ein recht gemütlicher Vertreter in diesem schönen Winkel, jedenfalls, wenn man die hier vorgestellte Nordroute wählt. Es gibt auch noch Anstiegsmöglichkeiten von Süden, aus dem Inntal herauf bzw. von der Straße nach Brandenberg, die zwar landschaftlich ansprechender, aber halt auch deutlich länger sind. Außerdem hört man auf diesen Routen ständig den Verkehrslärm der Inntalautobahn. Die Tour selber ist leicht. Wenn man auch beim Aufstieg nur hin und wieder freie Blicke genießen kann, so wird die Schau am Gipfelkamm doch noch besonders lohnend. Vor allem direkt ins Inntal hinunter und hinüber auf die Zillertaler und Tuxer Alpen ist sie recht spannend. Auf- und Abstieg verlaufen zum großen Teil auf Forststraßen, die für Mountainbiker gut geeignet sind. Und die Route führt am schattigen Nordhang durch den Wald. Sie eignet sich deshalb auch für heiße Sonnentage.

KURZINFO

Talort: Brandenberg, 919 m. Ausgedehntes Bergdorf in malerischer Gegend.
Ausgangspunkt: Südlicher Ortsrand, 919 m. Busverbindung von Kramsach.
Gehzeit: 2.20 Stunden.
Höhenunterschied: 591 m.
Anforderungen: Leicht.

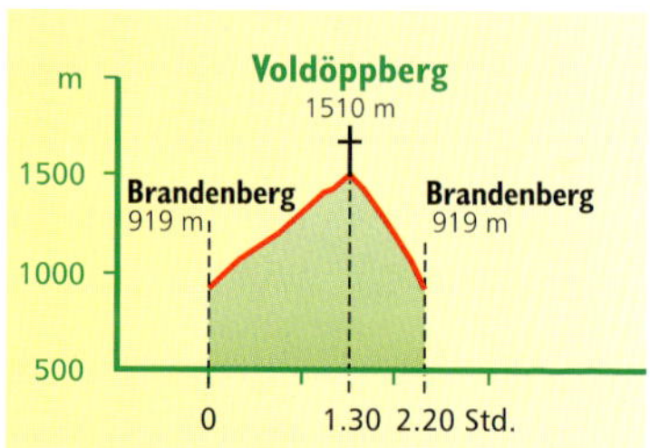

Am südlichen Ortsrand von **Brandenberg** gibt es neben der Fahrstraße ein paar Abstellplätze für das Auto. Dort wandern wir auf der Forststraße los, gehen an den Absperrschranken vorbei und folgen dem Fahrweg gegen Südwesten in den Wald hinein. Im Winter wird diese Straße vom Wintersportverein Brandenberg als Rennrodelbahn genützt, und deshalb ist sie luxuriös mit Straßenbeleuchtung versehen. Man geht auf der Straße weiter und der Aufstieg bringt uns bald an der Quellfassung vorbei und zur ersten scharfen Straßenkehre (1065 m). Dort wendet sich die Anstiegsrichtung gegen Südosten, und gleich darauf, bei der nächsten Serpentine, stoßen wir auf das Starthäuschen der Rodelbahn. Die Beleuchtungsanlagen enden dort.

Der Forstweg verläuft nach dem Starthäuschen noch in ein paar Kehren, dann aber ziemlich lange geradeaus gegen Osten hinauf und flacht auf längere Strecken deutlich ab. Auf so einer ebenen Strecke verzweigt er sich in der Nähe der Heumesseralm, die aber selber nicht zu sehen ist. Die Wegtafeln weisen uns dort nach rechts (gegen Süden) auf einen weiteren Forstweg. Dieser führt in einem Bogen den Berg hinauf, knickt scharf rechts ab und leitet ziemlich lange nach Südwesten durch den Wald dahin. Nachdem die Straße wieder leicht abfällt, zweigt auf 1315 m Höhe nach links ein schmaler, steiler Bergpfad ab. Wir folgen dieser Spur und plagen uns recht mühsam durch viele Kehren im Mischwald hinauf. Der Wald lichtet sich, und freundliche Erschließer haben uns auf der Höhe von rund 1410 m einen kleinen

Der Südgipfel des Voldöppberges.

Rastplatz neben einer gefassten Quelle angelegt.
Gleich darauf gabelt sich der Weg. Dort gehen wir rechts, zwischen Buschwerk über einen steilen Wiesenhang hinauf und kommen oberhalb eines weiteren Rastplatzes am

Am Ausgangspunkt in Brandenberg.

weiten Gipfelrücken an. Dort halten wir uns wieder rechts und gehen auf dem schönen Weg zum Kreuz am Südgipfel hinauf. Der **Voldöppberg** hat einen weiteren Gipfel zu bieten. Zu ihm sind es nur ein paar Minuten. Wer auf der bequemen Rastbank beim zweiten Kreuz gemütlich ausruht, wird sich darüber freuen, dass er auf dem zurückgezogenen Gipfel die Inntalautobahn fast nicht mehr hören kann.
Der Abstieg erfolgt entlang der Aufstiegsroute.

Rastplatz unter dem Gipfelrücken des Voldöpper Berges.

Großer Galtenberg, 2424 m

Über den Nordgrat

★★★

Alpbacher Wahrzeichen

Der Tourismusverband bezeichnet das Wiedersberger Horn gerne als Hausberg Alpbachs. Da steckt natürlich ein gewisses kommerzielles Interesse dahinter. Schließlich ist das Wiedersberger Horn von Alpbach aus heftig verkabelt. Die Liftanlagen sind bei Skifahrern beliebt, und auch Sommerfrischler lassen sich gerne bis fast auf den Gipfel schaukeln. Das bringt Bares in die Kassen. Dabei ist dieser Grasberg für uns Wanderer wegen seiner Liftanlagen und des damit verbunden Rummels so attraktiv auch wieder nicht. Schließlich finden wir gleich daneben im Galtenberg ein Ziel, auf dem wir ohne Massenauftrieb die herrlichen Gipfelblicke in Ruhe genießen können. Vor allem die zum Zillertaler Hauptkamm sind recht beeindruckend. Die Tour ist unschwierig, aber lang und deshalb anstrengend. Beim Abstieg kommen wir über den Kleinen Galtenberg. Wenn die dortigen steilen Nordhänge im Frühsommer unter Schnee liegen, ist besondere Vorsicht geboten.

KURZINFO

Talort: Alpbach, 975 m. Viel besuchter Fremdenverkehrsort, Kongresszentrum.
Ausgangspunkt: Inneralpbach, 1000 m. Busverbindung von Brixlegg.
Gehzeit: 7.00 Stunden.
Höhenunterschied: 1424 m.
Anforderungen: Unschwierig.

Anstieg auf den Kleinen Galtenberg.

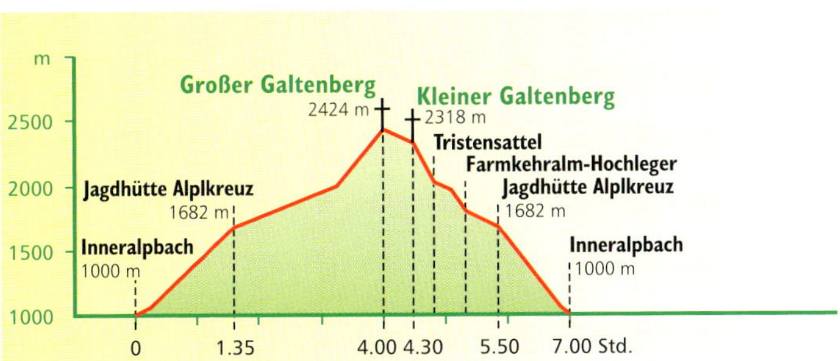

Zuerst einmal gehen wir auf der Fahrstraße vom Ort **Inneralpbach** neben dem Alpbach nach Südosten durch den Luegergraben zur kleinen Bubenkapelle (1060 m). Nach der Kapelle zweigt nach rechts (Süden) eine Forststraße ab, auf der wir bis hinter die erste scharfe Straßenkehre aufsteigen. Unmittelbar nach dieser Serpentine stoßen wir auf einen gut markierten Wanderweg, dem wir gegen Westen durch den Wald folgen. Nach dem Knick des Wanderwegs gegen Südosten folgen wir, wenn wir das zweite Mal auf eine Forststraße stoßen, dieser ein paar Meter, um gleich darauf rechts abzubiegen und entlang den Markierungszeichen gegen Osten aufzusteigen. Der Weg schwenkt nach Südwesten, und bald kommen wir auf einen bewaldeten Höhenrücken, über den wir in Kehren nach Süden hinaufgehen. Oberhalb der Jagdhütte Alplkreuz (1682 m) lichtet sich der Wald. Der Steig führt am breiten Rücken in der gleichen Richtung bergwärts, an einem Felsen auf 1953 m Höhe vorbei und schwenkt etwas links ab, um am Rücken gegen Osten weiter anzusteigen. In der Nähe der Wegverzweigung auf etwa 2000 m Höhe öffnen sich die ersten freien Blicke. Sie rei-

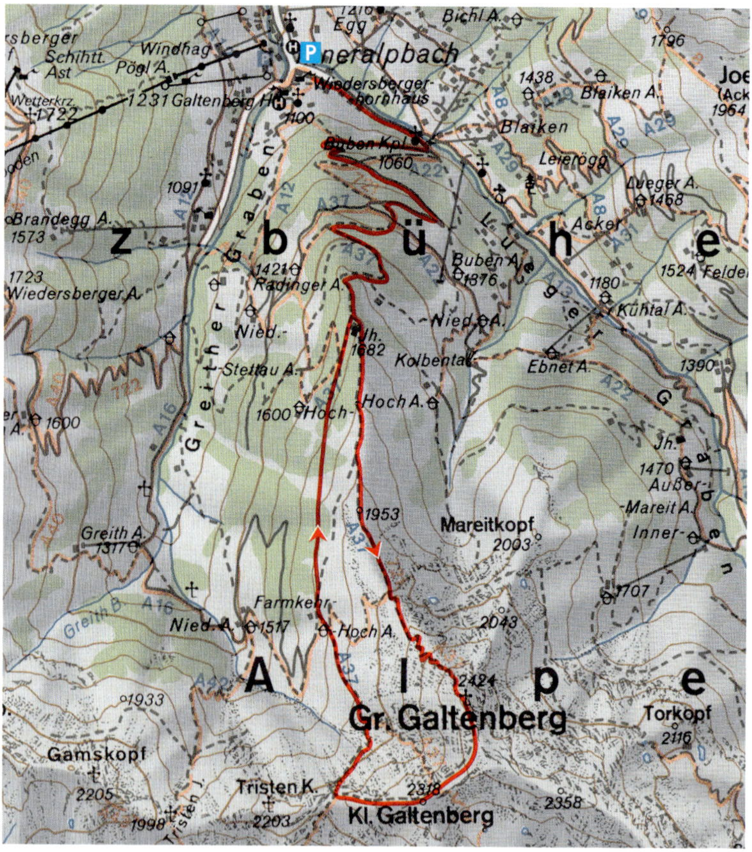

Der wuchtige Gipfel des Großen Galtenbergs.

chen an schönen Tagen bis in die Zillertaler Alpen mit ihren schnee- und eisgepanzerten Berghäuptern. Unser Aufstieg wird steiler. Die Route steigt in Kehren am Gipfelhang an, bis wir endlich am Kreuz des **Großen Galtenbergs** ankommen.
Zurück folgen wir nicht dem Aufstiegsweg, sondern gehen auf dem stellenweise schmalen Grat über den Gipfel hinweg nach Süden und in weitem Bogen nach Südwesten in den Sattel zwischen Großem und Kleinem Galtenberg. Aus diesem Sattel gehen wir in der gleichen Richtung weiter, die letzten Meter werden ziemlich steil, bis wir über das glatte Gestein den **Kleinen Galtenberg** (2318 m) erreichen.
Der weitere Abstieg führt vom Kleinen Galtenberg über eine stark geneigte Wiese (Vorsicht bei Schneelage!) und dann immer links der felsigen Grathöhe steil in den Tristensattel hinab. An der tiefsten Stelle des engen Sattels halten wir uns scharf rechts und folgen einer Trittspur, die sich im Blockwerk etwas verliert und nach rechts in die Farmkehrpfanne (1970 m) führt. Dort vereinigt sich der Abstiegsweg mit einem Steig, der aus dem Sattel zwischen Großem und Kleinem Galtenberg herabkommt. Dieser Steig führt an ein paar Viehtränken vorbei zum Farmkehralm-Hochleger (1795 m). Dort müssen wir rechts abzweigen, um dem Schützensteig zu folgen. Er fällt zuerst leicht ab, steigt bei einer Wegverzweigung, wo wir uns rechts halten, wieder an und verläuft in der Westflanke des Galtenberg-Nordrückens. Am Brunnen schwenken wir wieder rechts ab und steigen zur Jagdhütte Alplkreuz hinauf. Dort erreichen wir die Aufstiegsroute, auf der wir bis **Inneralpbach** zurückgehen.

39 Torhelm, 2494 m

Aus dem Langen Grund ★★

Am Südrand der Kitzbüheler Alpen

Arg viel Rummel wird um den Torhelm nicht gemacht. Den Individualisten mag es freuen, dass er am Südrand der Kitzbüheler Alpen einen stillen Wandergipfel findet, der sich ohne besondere Schwierigkeiten gut besteigen lässt. Prächtig wird die Landschaft an diesem interessanten Bergziel erst oberhalb der Öfeleralm, wenn kleine Seeaugen die freien Hänge zieren. Freilich sieht es um die Tiefentalalm in Talnähe auch schon recht malerisch aus. Auf »großartig« schwenkt das Erlebnispendel, wenn sich am Gipfel die grandiose Schau über das Gerlostal auf die benachbarten Zillertaler Alpen öffnet. Schade ist übrigens für uns Wanderer, dass durch wunderschöne Almbereiche grässliche Forststraßen gebaut worden sind. Die Almbauern haben sich's gewünscht, und die Biker sind auch nicht traurig darüber. Des einen Freud, des anderen Leid...

KURZINFO

Talort: Kelchsau, 789 m. Bauern- und Touristenort mit urtümlicher Atmosphäre.
Ausgangspunkt: Tiefentalalm, 1439 m. Busverbindung von Wörgl nach Kelchsau. Von Kelchsau 15 km.
Gehzeit: 5.00 Stunden.
Höhenunterschied: 1055 m.
Anforderungen: Leicht, keinerlei Schwierigkeiten.

Eine Pause muss schon sein: unter dem Torhelm.

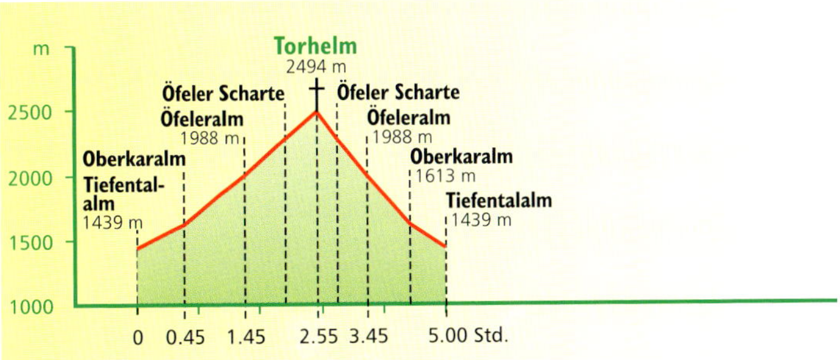

Von der **Tiefentalalm** gehen wir durch den oberen Bereich des Langen Grunds und haben einen dunklen, schroff aufragenden Bergkamm vor uns. Es ist dies der Schwarze Bär, der mit seinen wilden Schrofenhängen bis 2362 m ansteigt. Unsere Aufstiegsroute führt an der Oberkaralm (1613 m) vorbei und steigt durch Buschwerk weiter gegen Südwesten an. Auf der Höhe von etwa 1800 m, am Ursprung der Lange Grund-Ache, schwenken wir rechts, gegen Westen, und erreichen bald darauf die Öfeleralm (1988 m). Die Markierungszeichen bringen uns nun gegen Westen weiter, drehen gegen Süden ab und weisen in die Öfeler Scharte (2281 m). Der restliche Anstieg verläuft am felsigen, nicht zu steilen Nordhang des **Torhelms** und endet am gemütlichen Gipfelrastplatz neben dem Kreuz. Dort öffnet sich ein phantastischer Blick in die Kitzbüheler und die Zillertaler Alpen.
Der Abstieg erfolgt entlang der Aufstiegsroute.

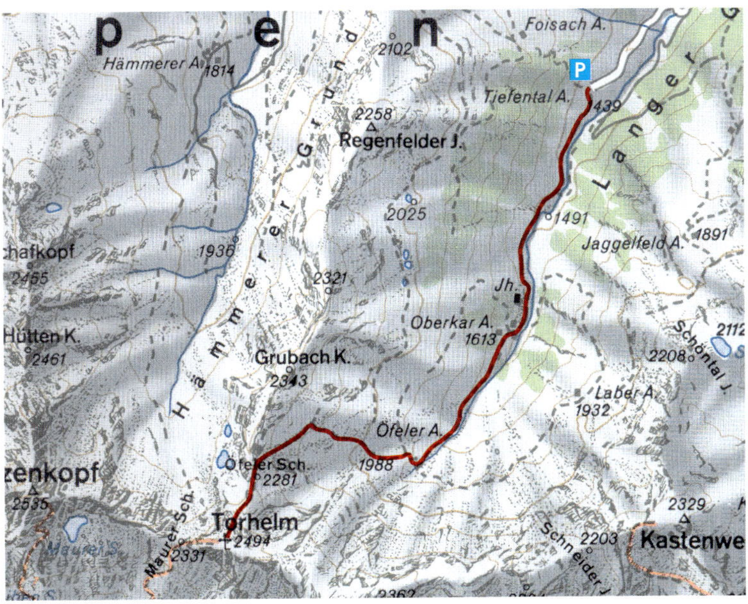

Im Langen Grund.

Steinbergstein, 2215 m

Aus dem Windautal

K81

★

Windauer Rundkurs

Wer sich einen richtigen Überblick über die Kitzbüheler Alpen verschaffen und obendrein zünftig und abwechslungsreich auf einen hier typischen Berg wandern möchte, der muss den Steinbergstein nehmen. Daran führt kein Weg vorbei. Neben dem Gipfelrundblick auf die Kitzbüheler Alpen, in die Venedigergruppe und zu den östlichen Zillerkämmen um Reichenspitze und Gabler hat der leichte Grasberg (mit Felseinlage am Gipfel) seine besonderen Reize. Das Gelände ist sehr übersichtlich, weshalb man sich die vorgestellte, etwas ungewöhnliche Variante durchaus genehmigen kann, ohne dass man Angst haben muss, sich zu verlaufen. Denn die Route ist streckenweise nur schwach, bisweilen sogar überhaupt nicht markiert.

Strahlender Herbst am Steinbergstein.

KURZINFO

Talort: Westendorf, 784 m. Sommerfrische im Brixental (mit Nachtleben!).
Ausgangspunkt: Windautal, Straßenabzweigung zur Wallernalm, 970 m. Zug- und Busverbindung von Wörgl und Kitzbühel nach Westendorf. Von dort 13,5 km.
Gehzeit: 6.00 Stunden.
Höhenunterschied: 1245 m.
Anforderungen: Einfach, aber stellenweise schlecht markiert.

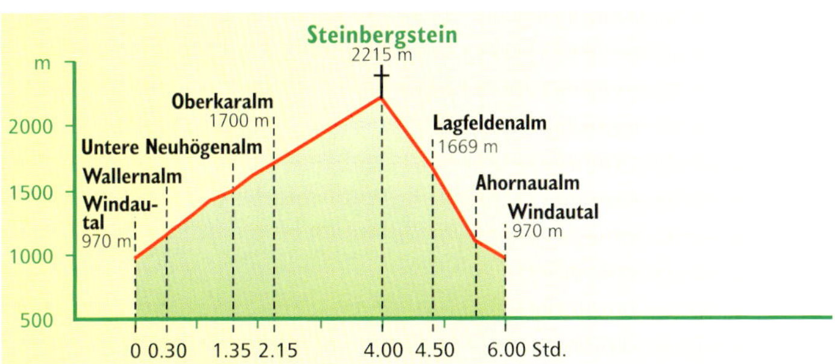

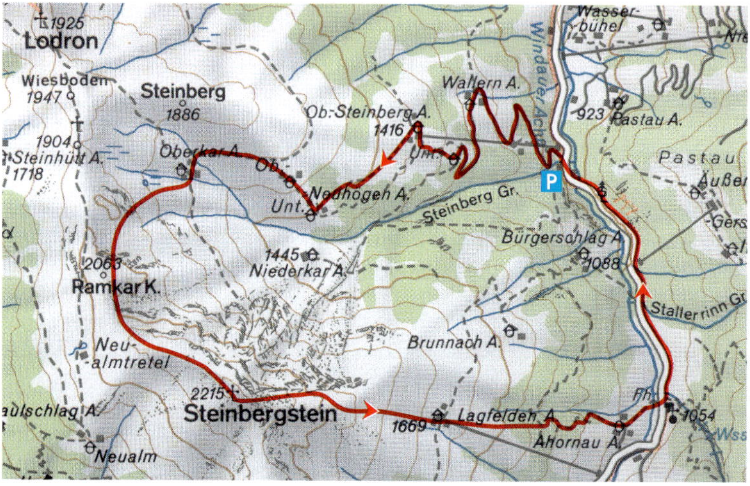

Bei der Abzweigung der Almstraße zur Wallern- und Steinbergalm verlassen wir das **Windautal** und folgen dem Fahrweg, an der Wallernalm (1150 m) vorbei, bis zu den untersten Hütten der Unteren Steinbergalm. Dort zweigt ein markierter Steig nach links ab und bringt uns gegen Südwesten in den Wald. Er verläuft am oberen Rand des Steinberggrabens und gabelt sich. Wir halten uns rechts, treten aus dem Wald, steigen über feuchte Wiesen zur Unteren Neuhögenalm (rund 1500 m) auf und gegen Nordwesten zur Oberen Neuhögenalm (1610 m). Anschließend wird der Anstieg relativ eben. Der Weg verläuft gegen Westen in den Bachgraben bei der Oberkaralm (rund 1700 m). Von dort ließe sich in einer guten halben Stunde (gegen Nordwesten) der Lodron besteigen.

Bei der Alm werden die Hänge wieder steiler, und wir gehen in den Weiden gegen Westen auf einen Jägersteig zu, den wir dann vor einem Gratrücken nach rechts verlassen. Wir kommen in eine weite Talsenke, durch die wir weglos aufsteigen, schwenken etwas links ab (gegen Süden) und halten steil auf den Ramkarkopf zu. An diesem Gipfel gehen wir östlich vorbei und über den breiten Bergrücken gegen Südosten, stellenweise etwas felsig, aber bequem, zum behäbig wirkenden Gipfel des **Steinbergsteins**.

Markierungen weisen uns vom Gipfel den Abstieg nach Osten. Sie führen anfangs über den Gratrücken, verlassen diesen aber bald nach rechts in die weite Mulde zwischen Steinbergstein und Haldenstein. Dort trennen wir uns von der gut markierten Spur und steigen – immer in der gleichen Richtung, also gegen Osten – in die Senke ab, in der die Lagfeldenalm auf 1669 m Höhe steht. Von den Almhütten bringen uns die roten Zeichen der Skitourenabfahrt weiter. Wir zweigen links in den Wald ab, um über einen alten, schmalen Steig durch das Unterholz (1100 m) ziemlich steil talwärts zur Ahornaualm zu gehen. Von dieser folgen wir dem Fahrweg im **Windautal** neben der Windauer Ache zum Ausgangspunkt zurück.

Brechhorn, 2031 m

Aus dem Windautal

★★

Routenspezialität am Brechhorn

Von Aschau im Spertental führt ein dicker, breiter und viel begangener Bergweg über die Wirtsalmen zum Brechhorngipfel hinauf und über das Brechhornhaus wieder hinunter. Diese Route ist nicht zu verfehlen und so einfach, dass wir sie hier nicht extra vorstellen müssen. Kaum jemand weiß, dass man sich diesem beliebten Kitzbüheler Alpengipfel auch von der Westseite nähern kann. Es gibt zwar keine eigens ausgewiesenen Wanderwege, aber mit einer genauen Karte und dieser Beschreibung können etwas verwegenere Typen diesen Anstieg wagen. Belohnt werden sie mit einem ganz besonderen Landschaftserlebnis und natürlich mit der beeindruckenden Gipfelschau. Diese Route ist aber wirklich nur etwas für Wanderer, die sich im weglosen Berggelände zurechtfinden, ein sicheres Gespür für die beste Route mitbringen und die auch nicht beleidigt sind, wenn sie in den feuchten Wiesen nasse Füße bekommen. Am scharfen Gipfelgrat sind an einigen kurzen Stellen Trittsicherheit und vor allem Schwindelfreiheit notwendig.

KURZINFO

Talort: Westendorf, 784 m. Sommerfrische im Brixental.
Ausgangspunkt: Parkplatz Pastau im Windautal, 900 m. Zug- und Busverbindung von Wörgl und Kitzbühel nach Westendorf. Von dort 13 km.
Gehzeit: 6.10 Stunden.
Höhenunterschied: 1157 m.
Anforderungen: Unschwierig, aber gute Orientierungsgabe notwendig.

Ein Gipfelmeer, ein Nebelmeer und sonst nichts mehr ...

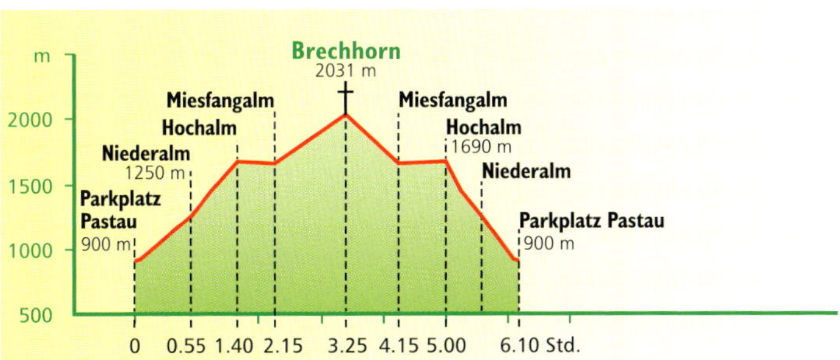

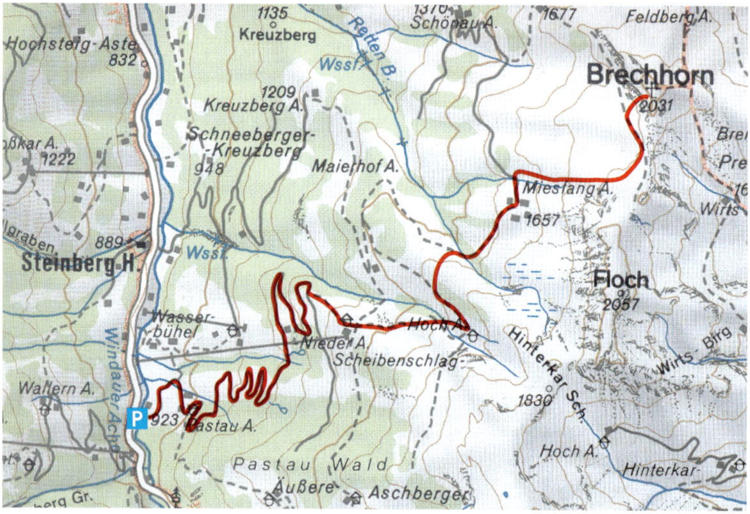

Etwas südlich des Parkplatzes Pastau im **Windautal** quert ein Güterweg die Windauer Ache. Wir folgen ihm durch eine weite Kehre gegen Osten zur Pastaualm (923 m). Von dort gehen wir in vielen Serpentinen zur Niederalm (1250 m) und weiter zur Scheibenschlagalm (1445 m) hinauf. Trittspuren leiten gegen Osten über feuchte Almwiesen zur Hochalm (1690 m). Gleich hinter der Hochalm müssen wir

Die Miesfangalm.

durch einen Bachgraben und auf einem Steig südwestlich des bewaldeten Höhenzuges ein wenig abwärts gehen, bis wir die Stelle finden, an der wir den Höhenrücken am besten queren können. Nun steigen wir über den Rücken hinweg, um anschließend gegen Osten an einem Hochsitz vorbeizugehen. Die Route führt uns über den Rettenbach und auf Weidewegen nach Nordosten zur Miesfangalm (1657 m).

Im freien Berggelände oberhalb der vielen kleinen Almhütten steigen wir zunächst nach Norden, später gegen Osten weiter auf. Dabei kommen wir über muldige und nasse Bergwiesen, an einem kleinen See vorbei und zum Südgrat des Brechhorns. Dort wird es ein bisschen alpin, aber nicht gerade schwierig. Der Grat ist halt an einigen Stellen etwas scharf ausgefallen. Die Trittspur steigt über den Südgrat zum Gipfelkreuz des **Brechhorns** an, wo wir uns gemütlich zur verdienten Rast niederlassen.

Der Abstieg erfolgt entlang der Aufstiegsroute.

Besinnliche Augenblicke beim Abstieg vom Brechhorn.

42 Gampenkogel, 1957 m

Über die Kobinger Hütte ★★

Am Haarlaßanger

Eigentlich könnten wir es uns am Gampenkogel recht bequem machen. Es gibt nämlich eine Seilbahn von Westendorf zum Nachtsöllberg, und von dort ist es zu unserem Gipfel nicht mehr so arg weit hinüber. Da wir uns aber die Gipfelhöhen selber erarbeiten und Bemerkenswertes am Weg erleben möchten, wählen wir natürlich die hier vorgestellte Route. Sie ist ruhig, denn bis zur bewirtschafteten Kobinger Hütte verläuft sie abseits der Trasse, die von der Seilbahn her viel begangen wird. Die Wanderung ist einfach, und sie ist interessant. Im 18. Jahrhundert ist auf dem Haarlaßanger eine Alm entstanden, und daraus hat sich im Lauf der Zeit eine Gastwirtschaft entwickelt. Es ist dies die Kobinger Hütte, die uns zu willkommener Einkehr und als Übernachtungsquartier in der Sommersaison offen steht.

KURZINFO

Talort: Aschau im Spertental, 1014 m. Bauern- und Touristendorf.
Ausgangspunkt: Brüggl, 950 m. Busverbindung von Kitzbühel über Kirchberg.
Gehzeit: 4.25 Stunden.
Höhenunterschied: 1007 m.
Anforderungen: Leicht.
Einkehr: Kobinger Hütte.

Herbstliches am Gampenkogel, hinten der markante Klotz des Großen Rettensteins.

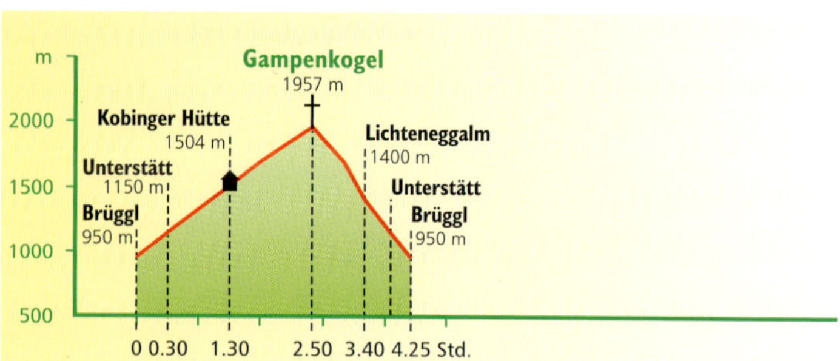

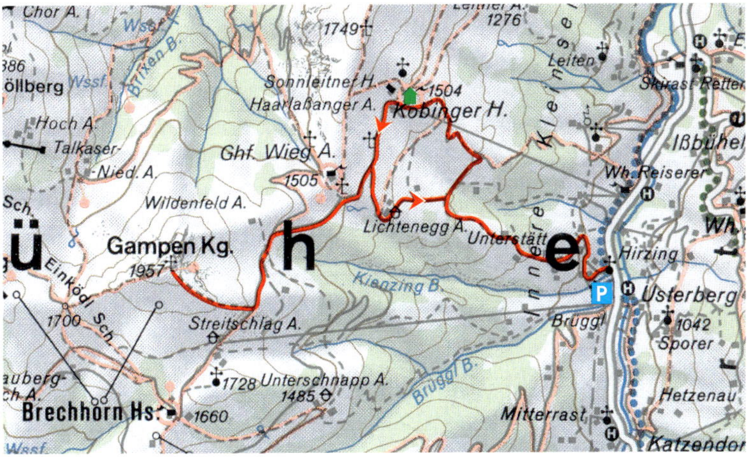

Von der Bushaltestelle in **Brüggl** gehen wir auf der nördlichen der beiden Fahrstraßen anfangs nach Südwesten und in einem Rechtsschwenk gegen Norden zu den Bauernhäusern von Unterstätt. In der scharfen Linkskehre der Straße zweigen wir nach rechts ab, queren eine Wiese gegen Norden, gehen durch einen bewaldeten Bachgraben hindurch und zu einem Gehöft. Von dort steigen wir auf einem

Jagdhütte unter dem Gampenkogel.

Fahrweg nach Norden an und erreichen den Wanderweg, der vom Gasthaus Schirast heraufkommt. Wir finden Wegweiser, die uns die Route zur Kobinger Hütte anzeigen. Sie leiten uns links in den Wald hinein und ziemlich steil gegen Westen den Berg hinauf. In der Nähe der Materialseilbahn steigt der markierte Wanderweg über freie Weidehänge zur **Kobinger Hütte** am Haarlaßanger (1504 m) an.
Nach der Hütteneinkehr gehen wir gegen Südwesten anfangs bergauf und dann talwärts zur Wiegalm (1505 m). Auf der östlichen Seite des freien Hangs queren wir bei einer malerischen Jagdhütte zum Fahrweg hinüber, dem wir bis hinter die Abzweigung zur Wildenfeldalm folgen. Im lichten Wald verzweigt sich der markierte Wanderweg, und wir halten uns rechts, um relativ steil über den langen Grat zum Gipfelkreuz des **Gampenkogel** aufzusteigen.
Der Abstieg verläuft zunächst entlang der Aufstiegsroute, dann verlassen wir diese aber nach rechts, um zur idyllischen Lichteneggalm zu gelangen. Bald darauf erreichen wir wieder die Aufstiegsroute, der wir zum Ausgangspunkt in **Brüggl** folgen.

Ausgedehnter Gipfelblick vom Gampenkogel bis zu den Loferer Steinbergen.

Großer Rettenstein, 2362 m

43

Durch das Schöntal

★★★

Glanzlicht Rettenstein

Der Große Rettenstein fällt auf, man sieht ihn schon aus der Ferne über die grünen Kitzbüheler Wald- und Wiesenberge herausragen. Mit seinem markanten Felsenhaupt passt er eigentlich nicht in diesen Alpenbereich, der mehr von sanften, weitläufigen Grasbergen geprägt ist. Es ist klar, dass so ein Berg, den man von weitem sieht, auch eine umfassende Rundschau gewährt. Vor allem die Zillertaler Alpen und die Venedigergruppe dominieren im Gipfelpanorama. An klaren Tagen kann man sogar gut bis zum Großglockner schauen, und gegen Norden zeigen sich der Wilde Kaiser und die Loferer und Leoganger Steinberge. Die Tour lohnt sich im Herbst besonders, wenn die Lärchen im Licht der schräg stehenden Sonne gelb-orange leuchten. Trotz der vielen Wanderer gibt es am Rettenstein in den steilen, felsigen Gipfelhängen Schneehühner, die sich offenbar an den Trubel gewöhnt haben. Ihre knarrenden Rufe werden uns vielleicht beim Aufstieg begleiten. Gelegentlich lassen sich auch Steinböcke sehen. Deshalb sollten Hundebesitzer ihre vierbeinigen Lieblinge unbedingt an die Leine nehmen. Wir sind am Rettenstein leider Zeugen einer üblen Hetzjagd geworden...

KURZINFO

Talort: Aschau im Spertental, 1014 m. Bauerndorf und Fremdenort.
Ausgangspunkt: Hintenbachalm im Untergrund, 1150 m. Busverbindung von Kitzbühel über Kirchberg nach Aschau. Von dort 3 km.
Gehzeit: 6.15 Stunden.
Höhenunterschied: 1242 m.
Anforderungen: Nicht sehr schwierig.

Gipfelgrat am Großen Rettenstein.

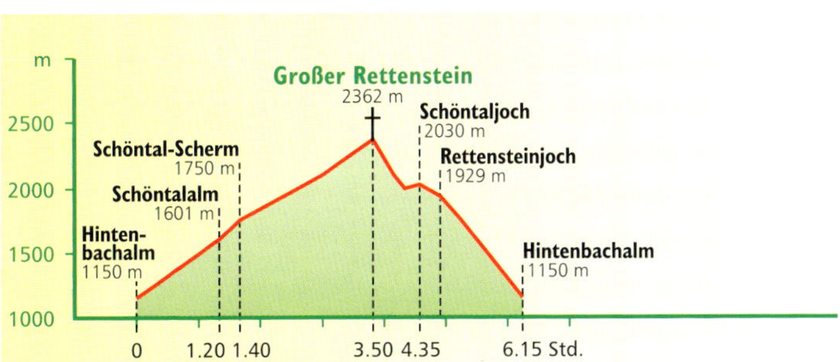

Von Gipfelfelsen eingerahmt: der Ausblick in die Venedigergruppe.

Vom Parkplatz bei der **Hintenbachalm** gehen wir kurz etwas nach Norden hinaus, überqueren die Aschauer Ache und steigen südlich der Hintenbachalm nach Osten steil auf. Der Bergpfad ist zunächst nur schwer zu finden. Er kreuzt auf der Höhe von 1450 m einen Güterweg und wendet sich anschließend in einem leichten Rechtsbogen in das Schöntal hinein. Am Rande eines lichten Lärchenwaldes folgen wir der Trittspur nach Südosten zur Schöntalalm (1601 m).

Dort stoßen wir auf einen Fahrweg, von dem wir auf einem markierten Bergpfad neben dem Schöntalbach nach Süden zur Schöntal-Scherm (1750 m) aufsteigen und nach Südwesten weitergehen. Dabei kommen wir an der Schöntalquelle vorbei und zu einem Rücken hinauf, den wir unter den Blaufeldköpfen verlassen. Der Hang schwingt sich auf, und der Pfad wird felsig. Auf der Höhe von etwa 2100 m gabelt sich die Route. Dort schwenken wir rechts und steigen beherzt, streckenweise felsig und etwas ungemütlich, zum Felsengipfel des **Großen Rettensteins** hinauf.

Im Abstieg folgen wir zunächst der Aufstiegsroute. Bei der Wegabzweigung auf 2100 m, direkt neben einer schmalen, steilen Schuttrinne, gehen wir rechts und noch ein Stück abwärts, ehe der Pfad in das Schöntaljoch (2030 m) ansteigt. Im breiten Joch biegen wir links ab und folgen dem Pfad nach Osten, später Nordosten. Dabei streifen wir einen kleinen See, dessen tiefblaues Wasser den Kleinen Rettenstein spiegelt.

Anschließend kommen wir in das Rettensteinjoch (1929 m). Dort zweigt ein beschilderter Weg nach links in steile Grashänge ab, bis er kurz unterhalb der Schöntal-Scherm den Aufstiegsweg trifft. Auf ihm können wir weiter bis zur **Hintenbachalm** absteigen. Etwas bequemer, aber auch weiter, wäre der Rückweg auf der Almstraße.

Spätherbstliches Licht am Großen Rettenstein, hinten das Kaisergebirge.

44 Kuhkaser, 2054 m

Durch den Jochberger Wald ★

Einsamkeit am Kuhkaser

Der Kuhkaser ist ein unberührt gebliebener Skigipfel. Keine Seilbahnkabel verschandeln das ausgedehnte Berggelände. Deshalb treffen sich dort solche Skitouristen, die mit Steigfellen und Muskelkraft aus eigenem Antrieb auf die Berge kommen. Manchmal geht es aus diesem Grund auf den weiten Pulverschneehängen recht rege zu. Suchen wir aber die Einsamkeit, brauchen wir auf den Kuhkaser nicht zu verzichten. In der warmen Jahreszeit nämlich hält er seinen Sommerschlaf. Zu dieser Zeit sind wir vielleicht sogar allein am Berg. Und das, obwohl man vom Gipfel eine Aufsehen erregend schöne Schau zum Alpenhauptkamm mit seinen Schneebergen hat. Vor allem Großglockner und Großvenediger, die beiden markantesten Gipfel im Panorama, grüßen zum Kuhkaser herüber. Die Tour ist einfach und völlig problemlos. Nur nach Regenfällen sind Auf- und Abstieg stellenweise sehr rutschig.

KURZINFO

Talort: Jochberg, 923 m. Bergbaudorf (Kupfer) mit Museum.
Ausgangspunkt: Parkplatz nördlich vom Pass Thurn, 1200 m. Busverbindung von Kitzbühel und Mittersill.
Gehzeit: 4.40 Stunden.
Höhenunterschied: 854 m.
Anforderungen: Leicht.
Einkehr: Schöntagweidalm.

Kleiner See am Kuhkaser, hinten die Venedigergruppe.

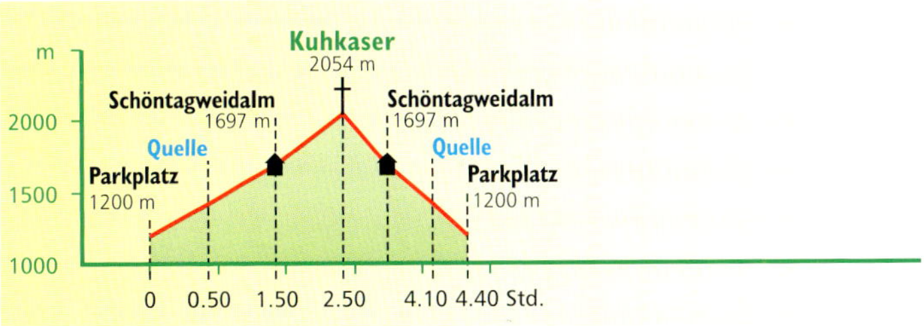

Direkt am Parkplatz (2 km nördlich vom **Pass Thurn**) beginnt eine schmale Trittspur und führt oberhalb der stark befahrenen Passstraße am Waldrand nach Süden. Sie wendet sich bald nach Norden, in den Jochberger Wald hinein. Wir queren einen Fahrweg und erreichen auf der Höhe von rund 1420 m, neben einer Quellfassung und zwei kleinen Hütten, wieder eine Straße. An der Straßenverzweigung wählen wir den nordöstlichen Straßenast und folgen ihm bis zur Jausenstation **Schöntagweidalm** (1697 m).

Von der Alm gehen wir auf einem guten Wanderweg nach Nordosten weiter, doch verengt sich dieser Weg bald und verliert sich in nassen Wiesen. In weitem Bogen gewinnen wir trockenere Weidehänge und steigen auf einem schlecht zu erkennenden, aber markierten Steig gegen Südosten zum Weidezaun auf den Westgrat des Kuhkasers.

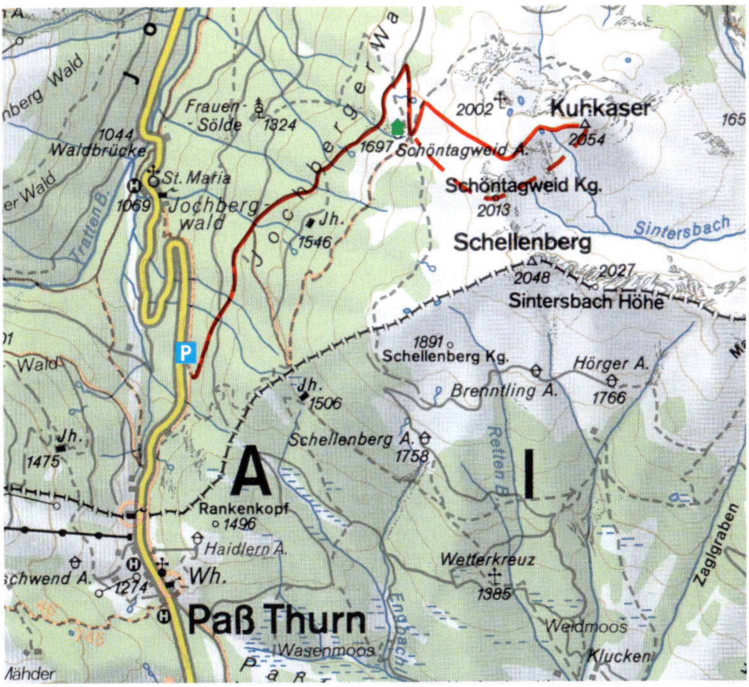

Auf der nördlichen Gratseite folgen wir dem Zaun und gehen über einen ausgedehnten Mugel hinweg zum Gipfelkreuz des **Kuhkasers** hinauf. Der Einfachheit halber steigen wir entlang der Aufstiegsroute ab. Wer wasserdichte Schuhe hat, kann aber auch vom Gipfel nach Südwesten, Richtung Schöntagweidkogel absteigen. Dabei kommt man an einem kleinen See vorbei und verlässt den breiten Rücken noch vor dem Schöntagweidkogel nach rechts. In einer steilen Mulde geht es weglos durch Sumpf und Morast geradewegs zur Schöntagweidalm hinab, wo die Aufstiegsroute wieder erreicht wird, der man ins Tal folgt.

Der Kuhkaser macht seinem Namen Ehre.

Heuberg, 1603 m

Gipfelüberschreitung am Rande des Kaisergebirges ★★

Am Rande des Roßkaisers

Am Nordostrand des Kaisergebirges finden wir als letzten Ausläufer des Roßkaisers einen unscheinbaren Gipfel. Trotzdem lohnt er sich und hat eine gute Aussicht, denn er ragt direkt über dem Walchsee auf. Das ist der Heuberg. Er kann, wie hier beschrieben, als Höhepunkt einer schönen Rundtour bestiegen werden. Die Wanderung ist leicht, nicht zu lang und nicht zu kurz, gerade recht für Herbsttage mit ruhigem Wetter, wenn sich unten im Talgrund der Nebel hält und die kleinen Gipfel wie geschaffen sind, um Sonne zu tanken. Interessant ist die Gipfelrundschau. Sie reicht zum stillen Walchsee hinunter, in die Chiemgauer Alpen, direkt ins wilde Winkelkar und natürlich zu den scharf geschnittenen Bergriesen des Wilden Kaisers, gleich gegenüber. Dort lässt sich alles an Kaisergipfeln studieren, was Rang und Namen hat, und so manche Bergfahrt hat am Heuberg ihren Anfang genommen. Ein Fernglas sollte man deshalb auf jeden Fall mitnehmen. Es ist schön, dass man auf dieser Tour auch eine lohnende Einkehrmöglichkeit vorfindet.

Ausblicke über den Heuberg-Gipfel zum Geigelstein.

KURZINFO

Talort: Durchholzen, 690 m. Fremdenverkehrsort am Walchsee.
Ausgangspunkt: Parkplatz »Am Brand«, 730 m. Busverbindung von Kufstein und Kössen nach Durchholzen. Von dort 0,5 km.
Gehzeit: 4.45 Stunden.
Höhenunterschied: 873 m.
Anforderungen: Leicht.
Einkehr: Hageralm.

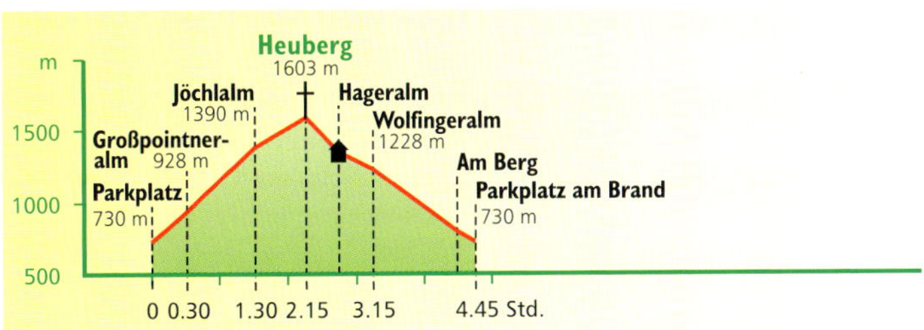

Über dem Winkelkar wallen die Nebel, hinten die Pyramidenspitze, wie sie sich vom Heuberg zeigt.

Vom Parkplatz bei **Durchholzen** folgen wir dem anfangs noch asphaltierten Sträßchen gegen Süden, an den Kotlacken vorbei, bis zur Großpointneralm auf 928 m Höhe. Dort schwenkt der Fahrweg nach rechts ab, und wir halten uns leicht links, um auf einer Pfadspur über eine breite Almwiese aufzusteigen. Das Weglein verschwindet bald im Wald, wo es neben einem Bachgraben den Hang hinaufführt. Gleich darauf gehen wir wieder über freie Lichtungen und durch lichten Wald bergwärts. Der Pfad beschreibt einige Kehren und verzweigt sich unterhalb der Winkelalm. Wir zweigen bei den Wegtafeln auf einem kleinen Absatz links (gegen Osten) ab und wieder in den Wald hinein. Der schmale Pfad quert einen steilen Waldhang und kommt kurz unter der Jöchlalm (1390 m) in freies Gelände. Von dort sehen wir erstmals zum Gipfel. Der Anstieg führt über die Terrasse der Jöchlalm und anschließend über Wiesengelände gegen Nordosten weiter. Wir queren einen etwas steileren Hang und erreichen das Jöchl. Von dort ist es, gegen Norden, nur noch eine Viertelstunde steil zum geteilten Gipfel des **Heubergs**.

Vom Gipfel steigen wir auf der Aufstiegsroute in das Jöchl zurück, biegen im Sattel links (gegen Osten) ab und steigen über einen steilen Wiesenhang zur **Hageralm** (1350 m) ab. Dort besteht eine bescheidene Einkehrmöglichkeit. Von der Alm müssen wir nun gegen Osten weiter, anfangs noch auf dem Wanderweg, dann auf einem Fahrsträßchen, in einem weiten Linksschwenk zur neuen Wolfingeralm auf 1228 m Höhe. Bei dieser Alm wendet sich der Fahrweg gegen Westen und in einem scharfen Knick wieder gegen Osten. Am Waldrand können wir auf einem Steig abkürzen. Er bringt uns, gut markiert, gegen Norden hinab, bis wir unter der Gwirchtalm wieder den Fahrweg erreichen, dem wir gegen Nordwesten folgen. Nach der Absperrschranke ist die Straße asphaltiert, wir gehen auf ihr durch malerisches Almgelände zur Ortschaft »Am Berg« (792 m) und in Richtung **Durchholzen** weiter. Bei der Bachbrücke halten wir uns links und gehen die letzten Meter zum Ausgangspunkt zurück.

Hageralm und Heuberg.

46 Feldberg, 1813 m

Gipfelsammlung über der Griesner Alm ★★

Schönste Kaiserblicke

Wer sich den Routenverlauf dieser Wanderung auf der Karte ansieht, wird es nicht ganz leicht haben, sie richtig einzuordnen. Es ist wirklich schwer zu entscheiden, ob sie zum Zahmen oder zum Wilden Kaiser gehört. Wie dem auch sein mag, diese lange Tour ist auf alle Fälle eher »zahm«, wenn man die anspruchsvollen Routen im Wilden Kaiser zum Maßstab nimmt. Natürlich kann auch auf dieser Strecke etwas Schwindelfreiheit nicht schaden. An einigen Stellen gibt es sogar ein Drahtseil, an dem sich ängstliche Naturen festhalten sollten, wenn die gigantischen Ausblicke auf die wildeste Seite des Wilden Kaisers sie gar zu sehr in Bann ziehen. Doch wirklich brenzlig geht es auf dieser Tour nicht zu. Der lange Bergkamm zwischen Stripsenkopf und Feldberg, über den die beschriebene Rundwanderung führt, ist die Aussichtswarte für die scharf geschnittenen Felsenberge des Wilden Kaisers schlechthin. Wie so oft hat man auch hier die schönste Schau auf die interessanten und begehrten Berge von den weitaus weniger berühmten Nachbargipfeln. Den Wanderer freut es besonders, dass er im Stripsenjochhaus und der Unteren Ranggenalm einkehren kann. Und nebenbei: Zwar gilt die Tour längst nicht mehr als Geheimtipp, ist aber trotzdem nicht so überlaufen, wie man dies angesichts ihrer Schönheit vermuten könnte.

KURZINFO

Talort: Griesenau, 727 m. Ortsteil von Kirchdorf mit historischer Kirche, Silberbergbau.

Ausgangspunkt: Griesner Alm, 988 m. Busverbindung von Kitzbühel über St. Johann i.T. und von Reit im Winkl über Kössen nach Griesenau. Von dort 5 km.

Gehzeit: 4.40 Stunden.

Höhenunterschied: 1060 m.

Anforderungen: Unschwierig, aber einigermaßen lang.

Einkehr: Stripsenjochhaus, Untere Ranggenalm.

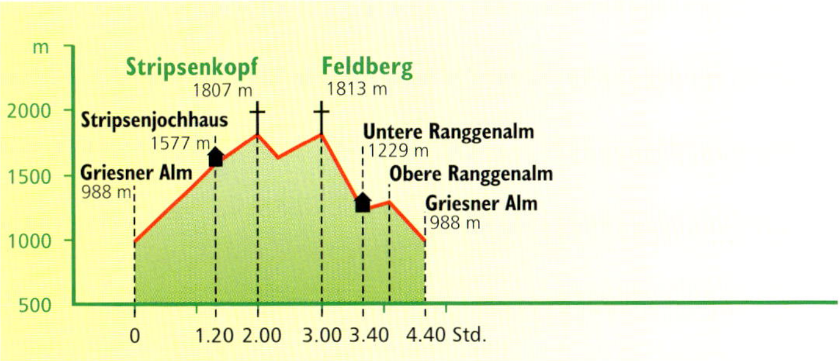

Vom Parkplatz am Ende der Mautstraße zur **Griesner Alm** folgen wir dem breiten Fahrweg gegen Westen hinauf. Die viel begangene Bergpromenade schwenkt nach Süden ab und verläuft dann wieder nach Westen. Markierungstafeln weisen uns in Richtung Stripsenjochhaus und auf einen guten, breiten Wanderweg, der nahe an die eindrucksvolle Fleischbank-Ostwand heranführt. Unterhalb der Steinernen Rinne biegt nach links der Eggersteig ab. Wir aber bleiben auf dem breiten Wanderweg, der sich zuletzt in Kehren ziemlich steil einen stark erosionsgefährdeten Hang hinaufschlängelt, bis er am **Stripsenjochhaus** (1577 m) endet. Dort beginnt der alpine Teil der Tour.

Vom Unterkunftshaus plagen wir uns am markierten Steiglein ziemlich steil nach Norden zum **Stripsenkopf** (1807 m) bergwärts, und schon haben wir das erste Gipfelziel erreicht. Vom Kreuz überblicken wir die weitere Route recht gut. Sie verläuft – nun wesentlich einsamer als bisher – vom Stripsenkopf gegen Nordosten und hoch über wilden Hangabbrüchen in die Tristecken (1627 m) hinab. Aus diesem Sattel führt sie dann in mehrmaligem Auf und Ab zum **Feldberg** hinauf. Damit sind wir am höchsten Ziel der langen Rundwanderung angekommen und sollten erst einmal eine ausgiebige Rast einlegen, denn noch liegt ein weiter Weg vor uns.

Vom Feldberg gehen wir in der gleichen Richtung, also gegen Osten, weiter. Ein guter Steig verläuft über den lang gezogenen Scheibenbühelberg dahin. Stellenweise sind die Latschen und das Gebüsch so hoch, dass man vom Weg keine Ausblicke mehr hat. Trotzdem ist dieser Routenabschnitt nicht ohne Reiz. Der lange Gratrücken erstreckt sich bis zur beschilderten Wegverzweigung auf ca. 1490 m. Wir erreichen sie östlich des höchsten Punkts des Scheibenbühelberges. Wir biegen rechts ab und kommen, anfangs ziemlich steil, dann deutlich flacher, gegen Südwesten zur Jausenstation **Untere Ranggenalm** (1229 m) hinab, wo wir wieder einkehren können.

Bei schönem Wetter wird der folgende Abschnitt mitunter unangenehm heiß, denn die Sonne brennt mit voller Kraft auf den Südhang. Ein schmales Weglein bringt uns oberhalb von eindrucksvollen Geländeabbrüchen, ständig leicht ansteigend, zur Oberen Ranggenalm, wo wir einen Fahrweg erreichen, dem wir in Kehren zur **Griesner Alm** folgen. Dort schließt sich der Kreis wieder.

Stripsenkopf.

Hintere Goinger Halt, 2192 m

Durch das Ellmauer Tor

★★

In der Steinernen Rinne

Die Hintere Goinger Halt hat das Image, der leichteste Gipfel zu sein, mit dem der Wilde Kaiser aufwartet. Das gilt vor allem, wenn man sie von Süden her, also von der Wochenbrunner Alm über die Gaudeamushütte und durch das breite Kübelkar besteigt. Rassiger wird die Tour auf der hier vorgestellten Route, die durch die steile Steinerne Rinne hinaufführt und beinahe schon das Niveau eines Klettersteigs hat. Doch kann sie der gut trainierte und schwindelfreie Bergwanderer durchaus meistern, ohne dass er Herzflattern bekommen muss. Wer einen Tag mit sicherem Wetter für diese Tour wählt, und das ist nachdrücklich zu empfehlen, der wird gewiss seine Freude am Aufstieg, am hinreißenden Gipfelblick und auch am zackigen Abstieg haben. In der Urlaubszeit ist der Berg sehr stark besucht. Nicht jeder, der dort hinaufkrabbelt, ist so hundertprozentig fit auf den Beinen, wie er es für einen derart kaiserlichen Berg sein sollte. Der Anstieg durch die Steinerne Rinne ist steil und streckenweise etwas ausgesetzt, jedoch mustergültig mit Drahtseilen gesichert. Über dem Ellmauer Tor führt die Route kurz eine Eisenkette entlang, ist aber auch nicht schwierig. Alles in allem können Trittsicherheit und Schwindelfreiheit jedoch nicht schaden.

KURZINFO

Talort: Griesenau, 727 m. Ortsteil von Kirchdorf mit historischer Kirche, Silberbergbau.
Ausgangspunkt: Griesner Alm, 988 m. Busverbindung von Kitzbühel über St. Johann i.T. und von Reit im Winkl über Kössen nach Griesenau. Von dort 5 km.
Gehzeit: 5.40 Stunden.
Höhenunterschied: 1204 m.
Anforderungen: Trittsicherheit und Schwindelfreiheit von Vorteil.

Vom Parkplatz beim Wirtshaus **Griesner Alm** wandern wir auf breitem Weg gegen Westen hinauf, schwenken bei der Russenleiten links ab und steigen gegen Süden auf, bis bei Punkt 1184 m nach links der Pfad in das Griesener Kar und zur Fritz-Pflaum-Hütte abzweigt. Dort folgen wir dem Weg in Richtung Stripsenjochhaus, also rechts.

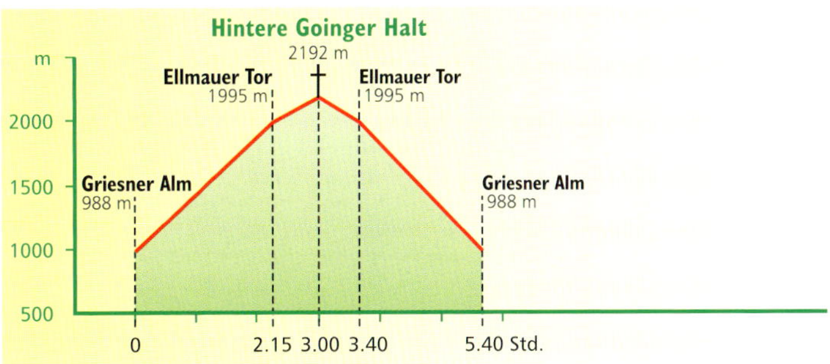

Ausblick aus der Steinernen Rinne zum Feldberg.

Bald schon sehen wir in die Steinerne Rinne hinein, die sich zwischen der Fleischbank-Ostwand und dem Predigtstuhl hinaufzieht und weit oben in einem breiten, halbrunden Sattel endet. Dort ist das Ellmauer Tor. Der Weg führt nach Westen weiter hinauf und am Nordausläufer der Fleischbank vorbei. Erst am Wildanger biegen wir wieder links ab. Früh am Morgen halten sich dort die Gämsen auf, und wer ihnen zu nahe kommt, kann sie vielleicht dazu bewegen, ein paar Schritte zur Seite zu gehen. Sonst bleiben sie, wo sie sind, weil sie sich längst an die vielen Wanderer gewöhnt haben. Eine Trittspur führt vom breiten Wanderweg durch den Wildanger hinauf und vereinigt sich mit dem Eggersteig, der nach seinem Erbauer benannt ist. Er schmiegt sich an den steilen Felshang. Ein massives Drahtseil, wie ein Geländer gespannt, gibt auch etwas ängstlicheren Naturen genügend Sicherheit. Der Steig führt über eine Erhebung hinweg und dann abfallend in das breite, steil ansteigende Felskar der Steinernen Rinne.

In vielen Kehren, stellenweise luftig, schlängelt sich der gut ausgebaute Steig den Berg hinauf, bis dieser sich allmählich etwas zurücklegt. Die steilsten und anspruchsvollsten Kletterwände des Wilden Kaisers streben aus der Rinne heraus direkt in die Höhe: Fleischbank-Ostwand, Fleischbankpfeiler, Predigtstuhl-

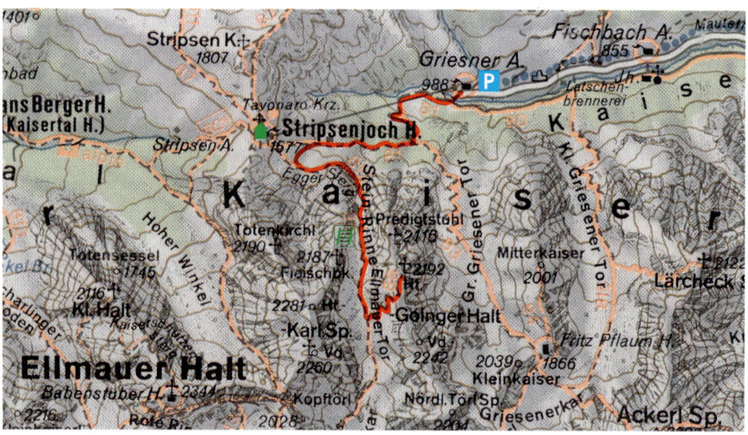

Westwand, um nur einige zu nennen. Die Drahtseile am Steig enden, und in Geröll und über Fels gehen wir, an einem Funk-Nottelefon vorbei, bis zum **Ellmauer Tor** in 1995 m Höhe.

Dort lässt sich's angenehm rasten, ehe der Gipfel angegriffen wird. Besonders anspruchsvoll ist die letzte halbe Stunde zum Kreuz hinauf allerdings nicht mehr. Wir folgen der Trittspur anfangs etwas durch die Felsen, dann über Geröll gegen Nordosten hinauf und im Schrofengelände weiter. Einmal hängt eine lange Eisenkette am Fels, an der man sich hinaufhangeln kann, wenn man will. Zwingend notwendig ist das Hangeln an dieser Kette allerdings nicht. Wer trittsicher und schwindelfrei ist, wird sich durch diese Kette eher behindert fühlen. Nach diesem etwas steileren Stück geht es gemütlicher zu, bis – die letzten Meter wieder über Fels – das Gipfelkreuz der **Hinteren Goinger Halt** erreicht ist.

Der Abstieg erfolgt entlang der Aufstiegsroute oder durch das Kübelkar und über die Gaudeamushütte gegen Süden zur Wochenbrunner Alm und nach Ellmau hinaus.

Blick von der Russenleiten zu Predigtstuhl, Ellmauer Tor und Fleischbank-Ostwand.

48 Ellmauer Halt, 2344 m

Über den Gamsängersteig ★★★

Lustige Kaiser-Kraxelei

Die Ellmauer Halt setzt dem Kaiser die Krone auf! Sie ist der höchste Gipfel des Wilden Kaisers und einer der schönsten. Gleich zwei Klettersteige führen hinauf. Den so genannten Kaiserschützensteig wollen wir gleich vergessen, er würde den Rahmen der Anforderungen in dieser Tourensammlung sprengen. Dafür ist er zu luftig. Für uns ist der Steig über die Gamsänger die richtige Route. Er ist zwar auch steil und luftig, aber mit etwas Mut und Klettersteigerfahrung gut zu schaffen. Schwindelfrei und wirklich trittsicher sollten wir jedoch sein, wenn wir uns die Ellmauer Halt zumuten möchten. Wer ein bisschen Zweifel hat, sollte sich nicht scheuen, eine Klettersteig-Selbstsicherung zu verwenden. Und weil wir beim Anstieg viel am Drahtkabel gehen werden, ist es ratsam, feste Handschuhe mit Lederbesatz anzuziehen. Und noch etwas: Man sieht zwar an der Ellmauer Halt nur selten jemanden mit Steinschlaghelm, aber vorsichtshalber ist ein solcher empfehlenswert, denn an einigen Stellen besteht eine durchaus ernst zu nehmende Steinschlaggefahr. Gut ausgerüstet und ordentlich im Training können wir uns also an die Ellmauer Halt heranwagen. Sicheres Wetter brauchen wir übrigens auch. Kommt in dem steilen Felsengelände ein Gewitter daher, dann Gnade uns Gott. Die vielen Drahtkabel wirken bekanntlich wie Blitzableiter. Also verschieben wir die Tour auf den Herbst, wenn Gewitter eher selten sind, und freuen wir uns daran, dass es an den kühleren Tagen in dieser Jahreszeit eine besonders gute Sicht gibt. Dann lässt sich vom Gipfel aus alles an Bergen erblicken, was Rang und Namen hat.

KURZINFO

Talort: Ellmau, 804 m. Fremdenort am Fuße des Wilden Kaisers.
Ausgangspunkt: Wochenbrunner Alm, 1087 m. Busverbindung von Kufstein und St. Johann nach Ellmau. Von dort 3,5 km.
Gehzeit: 6.30 Stunden.
Höhenunterschied: 1257 m.
Anforderungen: Trittsicherheit, Schwindelfreiheit und eine gehörige Portion Ausdauer.
Einkehr: Wochenbrunner Alm, Gruttenhütte.

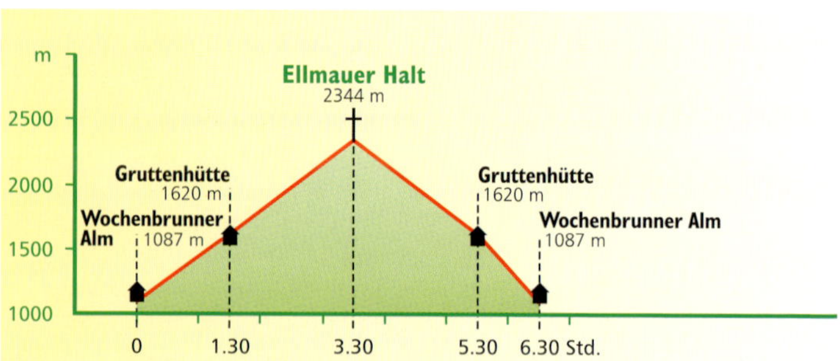

Gruttenhütte, Kaiserkopf, Rote Rinne und Ellmauer Halt.

Von der **Wochenbrunner Alm** folgen wir dem markierten Wanderweg in Richtung Gruttenhütte. Er führt schon bald in den Wald hinein. Bei den Wegverzweigungen auf 1150 m Höhe gehen wir geradeaus weiter und kommen bald darauf aus dem Fichtenwald in schönen, lauschigen Buchenwald hinein. Auf 1320 m Höhe verlässt unser Weglein den Wald und quert ein breites Schotterband. Anschließend kommen wir kurz wieder in den Wald hinein, und gleich darauf schwenkt der Bergweg links ab, um das gleiche Schotterfeld weiter oben noch einmal zu queren. Danach bringt uns die Route über einen kurzen, schön gestuften Felsen hinweg und durch Latschenbuschwerk weiter bergwärts bis zur **Gruttenhütte** (1620 m).

Über dem Unterkunftshaus biegt der Anstiegsweg scharf rechts ab, führt – auf einem kurzen Stück etwas steiler – über glatte Felsen hinweg und dann relativ bequem oberhalb von steilen Rinnen gegen Nordwesten den Hang entlang. Der Berg wird immer trister und felsiger. Die Markierungszeichen leiten uns ziemlich eben durch ein trostloses Trümmerfeld hindurch und am unteren Rand der Roten Rinne an einem Lawinenkegel vorbei, der sich oftmals bis in den Herbst gegen die Sommerhitze halten kann. Dann kommen wir auf der Höhe von 1840 m, am Gamsänger, in die Felsen hinein.

Es geht gleich einigermaßen zackig los. Über griffigen Kalkfels steigen wir beherzt hinauf und erreichen nach 5 Minuten wieder einen schönen Bergpfad. Die Steigspur wechselt mit Felspassagen und wird nach oben hin immer anspruchsvoller. Sie schmiegt sich an jäh abbrechende Hänge und ist auf längere Strecken mit Drahtseilen gesichert. Mit-

Steiganlage an der Jägerwand.

ten im Felsenlabyrinth bringen uns die roten Markierungspunkte durch eine kleine Felsenscharte hindurch und am Rande der Roten Rinne auf eine interessante Steiganlage. An der senkrechten Jägerwand führt ein langes Drahtseil entlang, und für die Füße sind große Metallkrampen fest in die Wand eingelassen. Damit wird vor allem Steinschlag auf den losen Geröllboden, der knapp darunter liegt, vermieden. Auf diesem Abschnitt kann es zu Staus durch Gegenverkehr von anderen Alpinisten kommen. Anschließend schwingt sich der Berg steil auf. Durch Felsen und am Drahtseil steigen wir in weitem Rechtsbogen von West nach Ost hinauf und achten peinlich darauf, keinen Stein loszutreten, um nicht weiter unten Gehende zu gefährden. An einem steilen, glatten Felsaufschwung gabelt sich die Route. Die Richtung der beiden Varianten erkennen wir an den steil hinauf verlaufenden Drahtseilen. Wer sich rechts hält, muss durch eine kleine, etwas luftige, mit Eisenstiften und

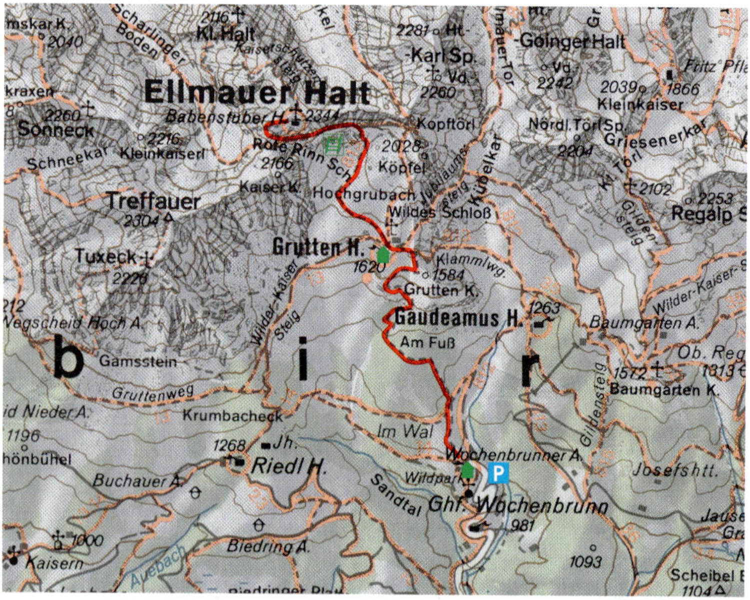

Seil gesicherte Felsenrinne hinauf. Wer die linke Route wählt, kommt in einen tiefen Felsspalt, die »Achselrinne«, hinein, aus der weiter oben eine leicht überhängende Leiter ein paar Meter hinaufführt. Dann vereinen sich die beiden Routenführungen. Über loses Geröll und durch Felsen kommen wir auf der »Maximiliansstraße« zur kleinen Babenstuber Hütte und bald darauf zum Gipfelfelsen der **Ellmauer Halt**, wo die prächtigste Gipfelschau des Kaisergebirges wartet. Der Abstieg erfolgt entlang der Aufstiegsroute.

Die kleine Babenstuber Hütte unmittelbar unter dem Gipfel der Ellmauer Halt, hinten das Sonneck.

49 Scheffauer, 2111 m

Südanstieg und Widauer Steig ★★★

Klassisch-kaiserliches

Der Scheffauer ist ein typischer Vertreter der kaiserlichen Berggestalten des Wilden Kaisers. Ein steiler Anstieg, viel Fels und ein zackiger Klettersteig beim Abstieg kennzeichnen diese ausgewachsene Tagestour. Zuerst einmal steigen wir durch einen Waldgürtel auf, dann kommen wir durch steile Schuttrinnen, und anschließend nähern wir uns dem eindrucksvollen, felsigen Gipfelaufbau. Weil auch die Gipfelschau recht interessant ist, erhält der Scheffauer viel Besuch. Der Trumpf des Berges aber ist sein Abstiegsweg.
Für den Aufstieg brauchen wir nur an ein paar Stellen etwas Trittsicherheit. Die Abstiegsroute am Widauer Steig ist jedoch deutlich anspruchsvoller. Sie verlangt eine gehörige Portion Trittsicherheit und Schwindelfreiheit (Stellen II am Klettersteig). Sie ist aber auch ein besonderes Schmankerl für Klettersteigfreunde und deshalb oft so stark überlaufen, dass es bisweilen zu Staus kommen kann. Der Widauer Steig sollte sicherheitshalber nur begangen werden, wenn in der nordseitigen Rinne kein Schnee oder Eis zu finden ist. Aber dann macht der Rückweg wirklich Spaß.

KURZINFO

Talort: Scheffau am Wilden Kaiser, 740 m. Malerisches Bergdorf mit vielen Touristen.
Ausgangspunkt: Bärnstatt, 918 m. Busverbindung von Kufstein und St. Johann i.T. nach Scheffau. Von dort 3 km.
Gehzeit: 7.00 Stunden.
Höhenunterschied: 1405 m.
Anforderungen: Besonders der Abstieg verlangt Trittsicherheit und ein gehöriges Maß an Schwindelfreiheit. Einwandfreie Kondition notwendig.
Einkehr: Kaindlhütte, Walleralm.

Die Schau vom Hochegg über die Kaindlhütte zum Zahmen Kaiser.

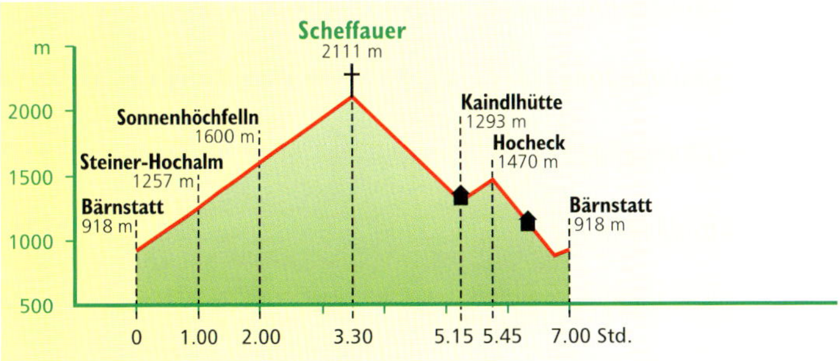

Von der St.-Leonhard-Kapelle beim Gasthaus **Bärnstatt** (918 m) folgen wir dem breiten Wanderweg gegen Osten ziemlich steil durch den Wald hinauf. Der Wald lichtet sich, und die Route wendet sich im Sonnenkar nach Norden, später Nordosten. Noch vor der Steiner-Hochalm verlässt sie auf 1257 m Höhe den Wald, und wir gehen nach Norden in das steile Geröllfeld »In den Spieltachsen« hinein. Nun steigen wir über das eintönige, bei Sonnenschein recht heiße Kar nach Nordosten hinweg, bis die Markierungszeichen am Sonnenhöchfelln nach links (Nordwesten) abschwenken. Dann kommen wir in die Felsen hinein. Rote Markierungszeichen weisen über glatt polierten Kalk hinauf. Wir halten uns zwischendurch am Drahtseil fest und erreichen die Scharte zwischen Hackenköpfen und Scheffauer. Aus diesem Schartl

Bauernhaus am Hintersteiner See.

gehen wir links weiter, durch einen kleinen flachen Boden hindurch, um bald darauf durchs Felsengelände das Gipfelkreuz des **Scheffauer** zu erreichen.

Die Abstiegsroute am Widauer Steig ist deutlich rassiger als der Aufstieg. In der Scharte zwischen Scheffauer und Hackenköpfen zweigen wir links ab und kommen auf den arg steilen, aber bombensicher angelegten Widauer Steig. Er bringt uns an einer gigantischen, senkrecht abfallenden Höhle vorbei und durch eine steile Rinne im Wesentlichen nach Norden hinab. Be-

Sportliche Einlage am Widauer Steig.

sonders aufpassen müssen wir, dass wir im bröckeligen Geröll keinen Stein auslösen, der andere Bergsteiger gefährden könnte! Der Klettersteig schwenkt gegen Nordosten ab und führt über ausgedehnte Kalkplatten zu einem besonders markanten Felsengebilde. Dort halten wir uns links (gegen Nordwesten), gehen zum »Großen Friedhof« und im Wald zur **Kaindlhütte** (1293 m).
Nach der Hütteneinkehr folgen wir dem breiten Wanderweg über Almwiesen nach Südwesten in den Sattel unter dem Hocheck, um durch Wald und Wiesen an der Waller-Hochalm vorbei zur **Walleralm** abzusteigen.
Der Weiterweg zum Hintersteiner See führt von der Walleralm auf 1171 m Höhe nach Süden, bei allen Wegabzweigungen links, bis Bichl (883 m) am Ostende des Hintersteiner Sees. Das letzte Stück gehen wir auf der Fahrstraße zum Gasthaus **Bärnstatt** zurück.

Weiter Gipfelblick vom Scheffauer.

50 Großes Hinterhorn (Mitterhorn), 2506 m

Nurracher Höhenweg ★★★

Über die Loferer Steinberge

Es hat seinen guten Grund, dass die Loferer »Steinberge« heißen. Sie sind in der Tat ein arg felsiges und schroffes Gebirge, durch das sich nur ein paar Wege hindurchziehen. Eigentlich dürfte man diese Routen nicht als Wanderwege bezeichnen. Nur weil das wilde Berggelände ein paar schwache Stellen hat, kann man mit vertretbarem Aufwand den höchsten Gipfel der Loferer besteigen. Das war manchen nicht genug, und deshalb ist am »Nackerten« Hund ein recht luftiger Klettersteig angelegt worden. Als kleine Herausforderung ist diese Einlage recht lustig, einen besonderen Sinn aber ergibt die Steiganlage nicht. Wer sie nicht mag, geht einfach daneben auf dem markierten Weg. Für Gipfelsammler sind die Loferer Steinberge ein Glanzlicht. Insgesamt lassen sich auf unserer Route fünf Gipfel besteigen, jeder mit eigenem Charakter. Der höchste ist das Mitterhorn. Die lange Rundtour, auf der es keinen Stützpunkt gibt, strengt enorm an, und sie erfordert Trittsicherheit und Schwindelfreiheit neben einer Top-Kondition. Es versteht sich von selbst, dass man im ersten Morgenlicht losmarschiert. Und noch etwas: Im Karst der Loferer Steinberge gibt es kaum Wasser. Es empfiehlt sich deshalb dringend, für die lange Gewalttour genügend Getränke mitzunehmen.

St. Ulrich am Pillersee.

KURZINFO

Talort: St. Ulrich am Pillersee, 847 m. Heimatort der ältesten Latschenölbrennerei der Welt.
Ausgangspunkt: Pillerseehof, 847 m. Busverbindung von Fieberbrunn. Nach Fieberbrunn Busverbindung von Hochfilzen und von Kitzbühel über St. Johann i.T.
Gehzeit: 9.30 Stunden.
Höhenunterschied: 1753 m.
Anforderungen: Trittsicherheit, Schwindelfreiheit und beste Kondition.

Am Nurracher Höhenweg.

Vom Parkplatz am Sportgelände in **St. Ulrich** gehen wir nach Osten und erreichen bei einem kleinen Sträßchen den Einstieg. Ein gut markierter Bergpfad steigt steil durch den Wald an, zunächst gegen Südosten, ab 1020 m gegen Norden bis zur Bräualm (1219 m). Die Route bringt uns, stark ansteigend, an den Bräuplatten vorbei und durch Latschen bergwärts. Hinter dem Hubschrauberlandeplatz geht es in die Felsen, gut mit Seil und Haltegriffen gesichert, und zum Heimkehrerkreuz auf 2030 m am **Seehorn** hinauf.
Nach der Rast an diesem schönen Aussichtspunkt halten wir uns etwas links und folgen der Routenmarkierung, die gleich darauf über einen Grat wieder nach rechts weist und stellenweise ausgesetzt, aber gut mit Seil versichert, zum Gipfelkreuz am **Ulrichshorn** (2155 m) leitet.
Von dort gehen wir ostwärts über einen schmalen Grat weiter und müssen über eine steile, aber gut versicherte Felsflanke hinab auf den Grat zu, dem wir ständig auf und ab bis unter das Schafeckl folgen. Unter diesem felsigen Gipfel schwenken wir nach rechts. Der Nurracher Höhenweg leitet uns durch eintöniges Dolinengelände bis zur Scharte (2329 m) zwischen Rothörndl und

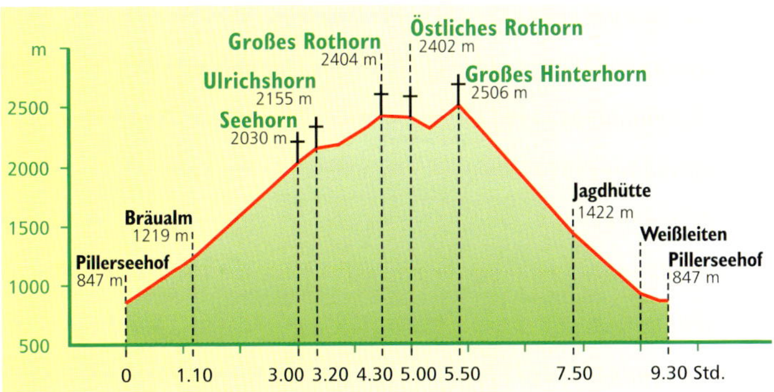

Doline am Mitterhorn, hinten die Glocknergruppe.

Großem Rothorn. Von dort ließe sich in etwa 10 Minuten das 2395 m hohe Rothörndl besteigen. Statt oder nach der Extratour steigt man aus dem Sattel nach Nordosten zum **Großen Rothorn** (2404 m) auf, von diesem über das **Östliche Rothorn** (2402 m) hinab und unbequem über Felsen in die kleine Scharte bei 2315 m. Von dort geht es schnurstracks und leicht zum Höhepunkt der langen Tour hinauf, dem **Großen Hinterhorn** (Mitterhorn).

Der Rückweg fällt unangenehm steil ab. Entweder steigen wir auf dem rot markierten Wanderweg oder auf dem extra ausgewiesenen Klettersteig am »Nackerten« Hund nach Süden ab. Die Route schwenkt im weiteren Verlauf gegen Südosten in die Schneegrube und dann unter Scheibenkopf und Weißleit-

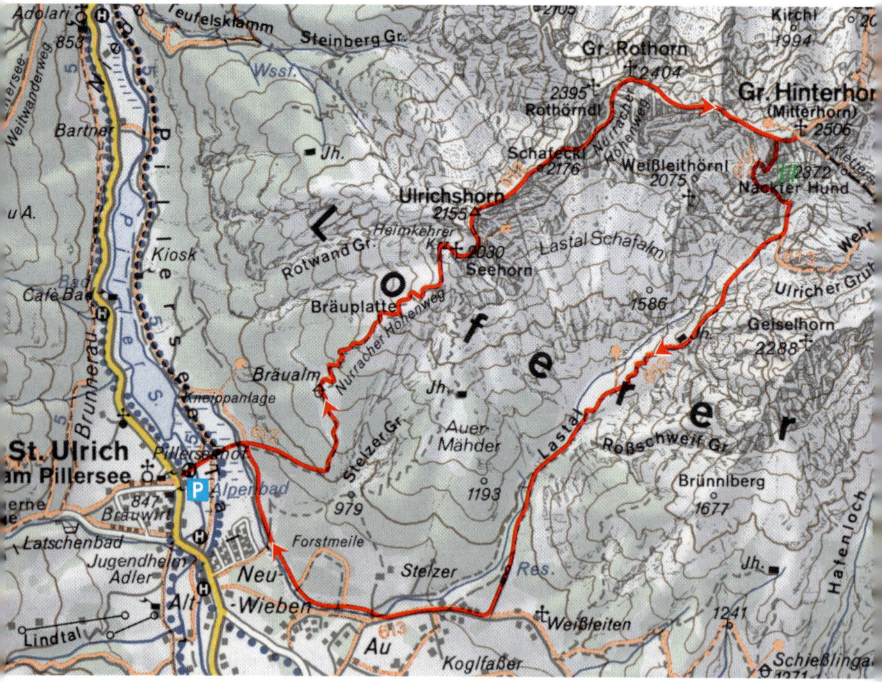

hörnl nach Südwesten talwärts. Auf der Höhe von 1422 m gehen wir an einer Jagdhütte vorbei und das Lastal hinaus bis zum Talgrund bei Weißleiten. Von dort müssen wir nun, anfangs auf der Fahrstraße über Neu-Wieben nach Westen, zu Fuß nach **St. Ulrich** zurück, es sei denn, ein freundlicher Autofahrer nimmt uns mit.

Nur wer frei von Schwindel ist, darf sich auf den Klettersteig am Nackerten Hund wagen.

Stichwortverzeichnis

12,90 €

Impressum

Titelbild:
Übergang vom Zunterkopf zum Tauern, Blick über das Lechtal in die Tannheimer Gruppe.

Bild Seite 1:
In der Unteren Rinnengrube an der Rinnenspitze (Stubaier Alpen).

Bild Seite 12/13:
Strahlender Herbsttag auf dem Thaneller (Lechtaler Alpen). Zum Greifen nahe sind am Horizont (links) über dem Zwischentorental das Zugspitzmassiv und (rechts über dem ~~Hönig~~) die Felsenberge der Mieminger Kette zu sehen. Mähberg

Alle Fotos von Siegfried Garnweidner, bis auf die Fotos von S. 10 und 11 (Edmund Garnweidner).

Der Autor:
Siegfried Garnweidner, geboren 1948, hat akribisch über jede seiner weit über 1000 Touren Buch geführt. Er lebt in Baierbrunn bei München. Im Bergverlag Rother sind von ihm u.a. die TourenDisk-CDs Münchner Wanderberge, Tiroler Wanderberge und Münchner Skitourenberge erschienen.

Kartographie:
Wanderkarten im Maßstab 1:50.000 und Übersichtskarten
© Freytag & Berndt, Wien

1. Auflage 2002

ISBN 3-7633-3019-4

Liebe Bergfreunde!
Alle Angaben dieses Buches wurden vom Autor nach bestem Wissen recherchiert und vom Verlag mit größtmöglicher Sorgfalt überprüft. Für die Richtigkeit der Angaben kann jedoch – soweit gesetzlich zulässig – keine Haftung übernommen werden.
Wir bitten dafür um Verständnis und freuen uns über jede Anregung und Berichtigung zu diesem Rother Wanderbuch:

Bergverlag Rother · Haidgraben 3 · D-85521 Ottobrunn
Tel. (089) 60 86 69-0 · Fax 60 86 69 69 · E-Mail: leserzuschrift@rother.de
Besuchen Sie uns im Internet: www.rother.de